奥黛丽·赫本

永远的女神

钟小萌◎著

江西美术出版社
JIANGXI FINE ARTS PUBLISHING HOUSE

图书在版编目（CIP）数据

奥黛丽·赫本 / 钟小萌著 .-- 南昌：江西美术出版社，2017.5

ISBN 978-7-5480-3773-6

Ⅰ.①奥… Ⅱ.①钟… Ⅲ.①奥黛丽·赫本（Hepburn, Audrey 1929-1993）- 传记 Ⅳ.① K837.125.78

中国版本图书馆 CIP 数据核字（2017）第 033474 号

出品人：汤　华
企　　划：江西美术出版社北京分社（北京江美长风文化传播有限公司）
策　　划：北京兴盛乐书刊发行有限责任公司
责任编辑：王国栋　宗丽珍　康紫苏　刘霄汉　朱鲁巍
版式设计：刘　艳
责任印制：谭　勋

奥黛丽·赫本

作　　者：钟小萌

出　　版：江西美术出版社
社　　址：南昌市子安路 66 号江美大厦
网　　址：http：//www.jxfinearts.com
电子信箱：jxms@jxfinearts.com
电　　话：010-82293750　　0791-86566124
邮　　编：330025
经　　销：全国新华书店
印　　刷：保定市西城胶印有限公司
版　　次：2017 年 5 月第 1 版
印　　次：2017 年 5 月第 1 次印刷
开　　本：880mm × 1280mm　1/32
印　　张：7
I S B N：978-7-5480-3773-6
定　　价：26.80 元

序言

XU YAN

做这样的优雅女人

说到优雅美丽的女子，有一个人的名字不得不提，她就是奥黛丽·赫本。

奥黛丽美艳却不妖艳，耀眼却不自大。她用自己的一生诠释了一个女人最精彩的传奇。

她的一生，既经历了“二战”时期的饥饿颠沛，也经历了人生辉煌的衣食无忧。

史上鲜有像她这般活着的时候，受万人敬仰，离世后，仍有越来越多的人追逐她的灵魂，颂扬她的精神。

奥黛丽生活简朴，低调从事，直到去世那一天，她的子女收到世界各地的粉丝送来的礼物和悼念信才知道，原来他们的母亲是一位多么闪耀的明星，才知道母亲为这个世界做了多少贡献。

在物欲横流的好莱坞，奥黛丽永远保持清纯高贵，她从不搔首弄姿以博得观众一笑，更不会随波逐流。

男人将她奉为女神，女人将她当作偶像。孩童眼里的她，是最纯真无瑕的精灵，观众眼里的她，是风华绝代的佳人。

再没有一个女人能像她这般，将美丽演绎得如此淋漓尽致，能够得到普世的、一致的欣赏与尊重。她就是优雅女人的代名词，是坠落到凡间的天使。

做母亲，她是伟大的；做妻子，她是温柔的；做朋友，她是真诚的。无论哪种角色，奥黛丽总能做到最好，她是一个无论任何时代，都能被奉为女神的女人。

属于奥黛丽·赫本的优雅美丽，就算时光再转一百年，也难有人能够颠覆。

做女人就该做像她这样的女人。

目录

MU
LU

PART 1

优雅是女人最美的衣裳

生活的阅历，带来优雅与魅力

没有阅历的人生，就像没有香味的玫瑰，即便开得再娇艳，也少了几分韵味。

是生活中的历练，让女人更具魅力，同样也是生活中的历练，造就了女人身上的优雅。

法国时尚设计师于贝尔·德·纪梵希说：“每位女性都渴望拥有奥黛丽·赫本的外表。”纪梵希说得不错，但他却只说对了一半。

其实，每位女性渴望的，不仅是奥黛丽·赫本那天使般的容貌，更是她身上那让人着迷的魅力。

在逆境中坚持梦想

但凡看过《罗马假日》的人，没有人能不被荧屏上那个灵动的女子吸引住目光，她的那双如水般的眼眸，牵动着万千人的心神，也让格里高利·派克这位绅士用尽一生的时光来完成他对挚友的默默守护。

有人说，奥黛丽·赫本定然是最受上天眷顾的公主，她不仅拥有好莱坞最闪亮的光环，还拥有纪梵希和派克两位男士一生的友情，更拥有让万千女性羡慕的容貌。上天太不公平。

如果你这样认为，那只能证明，你并不了解奥黛丽·赫本。

奥黛丽是优雅的，但同时也是坚强的。她用自己的坚持与坚强，战胜了命运。

童年时的奥黛丽，并不是童话里住在城堡中的公主，相反，她的童年，甚至可以用“多灾多难”来形容。

“1929年5月4日我出生在比利时的布鲁塞尔……六周后，我告别人世。”奥黛丽曾对身边的朋友说，如果她写自传，定然会用这样的一句话来开头。

在奥黛丽·赫本刚刚出生六周的时候，她患上了百日咳。作为一名虔诚的基督教徒，她的母亲并不打算带女儿去医院医治，因为她相信上帝定然会医治自己的女儿。然而小奥黛丽的病却越来越严重，最后甚至差点死去。

好在最后奇迹出现了，她不但熬了过去，而且还能茁壮成长。

那一次婴儿时期的经历，对奥黛丽来说只是童年故事中的一个小插曲，由于年龄还小，她自己并没有太多感触，而真正给她带来“生命中最大的创伤”的，则是六岁那年父母的离异。

奥黛丽的父亲骨子里一直信奉法西斯主义，让他没有办法继续与家人生活，在奥黛丽六岁那年，他终于提出了离婚，他离开了妻子和自己的女儿。而从此之后，她的母亲便陷入了仇恨的深渊，每天都在唠叨抱怨那个不负责任的丈夫。

也正是父亲的离弃，让奥黛丽变得坚强，她开始变成安静而独立的女孩。

同年，奥黛丽第一次接触到了芭蕾舞。她梦想有一天能够成为一名舞蹈家，而跳舞在这时也成了她唯一的人生追求。不幸的是，第二次世界大战在此时爆发了。

战争让奥黛丽家里的粮食出现紧缺，在饥饿难耐之下，她经常要用郁金香球茎和豌豆粉做成“绿色面包”来充饥，等到连这些东西也成了奢侈品的时候，便只能依靠喝大量的水来填饱肚子。

营养不良促使她的身材逐渐瘦削，虽然有1.70米的身高，体重但却只有52公斤。虽是如此，但是奥黛丽从没有一次想过放弃她最爱的芭蕾舞。

奥黛丽·赫本在芭蕾舞团里表演节目的时候，还为荷兰游击队募集资金，传递情报，她为反法西斯战争做出了诸多贡献。

1948年，奥黛丽·赫本用省吃俭用省下的100英镑来到英国，加入了著名的玛丽·兰伯特（Marie Rambert's）芭蕾舞学校学习，然而经过数月训练，她的梦想却被宣判了死刑。作为芭蕾舞演员，她的身材太高了。而且由于战争，她也错过了练习芭蕾舞的最佳年龄段。她无法成为一流的芭蕾舞者。

虽然梦想破灭，但这并没有将奥黛丽击垮。

在这个世上，不能圆梦的原因有很多，但能圆梦的原因只有一个——为梦想坚持不懈的努力和追求。

抓住机遇，成功就在眼前

上帝对一个人关上了一扇门，同时会打开一扇窗。

虽然无法成为一个优秀的舞蹈家，梦想不能实现，但奥黛丽·赫本并没有因此而失去对人生的希望。相反，她选择了直面困难，拥抱生活。这样的态度，也让她成功找到了另一条更适合自己的人生道路。

她的高个儿在芭蕾上也许不占优势，但她拥有修长的身材和婀娜的身姿，想要做一名模特还是绰绰有余的。为了能够在伦敦安顿下来，她跑过龙套，拍过广告，演艺之路已经向她敞开了大门，只等待她的到来。

不如意的生活是个自我改变的过程，它可以磨掉你的棱角，净化你的灵魂，从而使你获得处变不惊的魅力。奥黛丽·赫本在这段艰难的日子里，练就了宠辱不惊的优雅大气，她一直努力保持着最好的状态来迎接人生的机遇。

终于，她的机会来了。

1954年，一个偶然的机会，奥黛丽参加了《罗马假日》剧组的演员试镜，当她刚一出现在好莱坞著名导演威廉·惠勒的面前，她身上所散发出来的魅力，便深深吸引住了惠勒的目光，他在电话中，对自己的助手说："你见过会走路的梦吗？今天我看见了！"他找到了自己的安妮公主，那个女子，就是他的梦，他的安妮公主。

那一年，24岁的奥黛丽取消了和未婚夫的婚约，将自己大量的时间都投放到演艺工作上，她接下了这部在爱戴她的影迷心中的永恒经典——《罗马假日》。而随着《罗马假日》的公映，她一夜之间从一朵山间的雏菊，变成了镁光灯下绚烂的玫瑰。她向全世界观众展示了自己的优雅与魅力。

如果说，在《罗马假日》中的奥黛丽是一朵淡雅、青涩的小茉莉，那么在《窈窕淑女》里的她则是一束婀娜、炽烈的郁金香。从《甜姐儿》经《谜中谜》到《俪人行》，无人不对赫本的演技刮目相看。

回望奥黛丽·赫本走过的岁月，从不谙世事的“芭蕾女孩”，到独当一面的“好莱坞巨星”，最后成为仁善的“联合国儿童基金会亲善大使”，统统离不开生活的历练。

正是经过生活历练的洗礼，奥黛丽·赫本的美，才彰显出与众不同的内涵与魅力。而这一切，容貌和衣着不能替代，知识和修养也无法弥补。奥黛丽的人生，正是沸水一次次沏出的茶，溢出了她生命的芳香。

走过荆棘，就能看到彩虹

人的一生，不可能永远顺遂自己的心愿，过得顺风顺水。每个人都可能会面临未知的困难，以及逆境，而这时我们的选择，能够决定我们未来的人生。

坚持舞蹈梦想的奥黛丽，在被告知已经不适合继续跳舞时，她十分悲伤，甚至痛哭了一整天，因为一时无法接受自己曾经如此坚持的梦想就此幻灭。但渐渐地，她想通了，于是选择了转业，开始接受一些舞台剧的邀请，以得到巡演机会来补贴拮据的生活。

当时，她的舞蹈老师玛丽对她的一番定论，看似将她的梦想扑灭，实则是让她尽早正面人生抉择，以便于早做打算，免得贻误时机，错过可能成功的机会。

当然，奥黛丽的转行之路最初的状况并不好。由于不是科班出身，奥黛丽的演技还略显青涩，但她既然已经彻底放弃了舞蹈梦，就想在表演这条路上坚持下去，虽然酬劳不高，但她相信，只要肯努力就能走过困境。

后来的她，一步步地走出了自己的星光大道。

当我们遭遇不顺的时候，如果只是一味地去抱怨，那么情况往往只会越来越糟，最后被困难打败，这一生，也将注定会失败。相反，如果我们能够坚强面对，用自己的淡定从容来解决困难，那么迎接我们的，也将是成功。凡事都应该坚强，不放弃，只有这样，才能获得更多的机遇，迎来更大的成功。

奥黛丽的蜕变让我们看到，经历风雨历练后的女人会更加自信，更富神韵和魅力。饱经风霜的女人才算得上真正的女人，精致而清新，淡雅而庄重，高贵而得体。

冰心说：“成功的花儿，人们只惊羡它现时的明艳，却不知道当初它的芽儿，浸透了奋斗的泪泉，洒遍了牺牲的血雨。”

也许路途荆棘遍野，即使天空乌云密布，只要能扛得住生活的历练，你也将魅力十足。

优雅的女人最美丽

优雅是女人一生的课题。

奥黛丽·赫本就是一个将优雅演绎到极致的人，她的儿子肖恩如是评价她：“母亲和我们在电影中看到的她所塑造的那些形象非常相似：多情、勇敢、优雅、浪漫。”这样一个走到哪儿都会令人肃然起敬的女子，犹如一道美丽的风景线，带给自己的是愉悦，带给他人的是美好。

以优雅示人，不仅是将自己的美好释放出来，感染他人，更重要的，那是一种对他人的尊敬。

爱笑的女子，运气不会差

微笑是一个人最美的表情，毫无疑问，每个女人笑起来的时候都是最漂亮的。

“每天微笑面对生活，把平凡的生活看成一朵花，是一种幸福和智慧。”一句看似简单的话，却充满着人生的哲理，也折射出一个女人的智慧。

奥黛丽·赫本是个爱笑的女子，无论是微扬的唇角还是大笑时露出的洁白牙齿，都能让人感受到如沐春风般的美好和温暖。她的微笑，就像一剂最温柔的药，治愈人心。

与奥黛丽·赫本同一时期的好莱坞女明星有很多也是美艳绝伦，如玛丽莲·梦露、简·西蒙斯、格蕾丝·凯利、伊丽莎白·泰勒……但她却能从众多美女中脱颖而出，倾倒众生，成为人们心中难以替代的女神，那是因为她除了美丽，还有一种独特的优雅气场。

她的优雅，不需要华丽的配饰，精致的妆容，更不需要昂贵的服装来撑场面，很多时候，只是一个淡淡微笑，就能彰显出她独树一帜的气场和气质。

在奥黛丽和梅尔感情破裂，面临分道扬镳的时候，她的悲伤是显而易见的。因为她是如此渴望完整的家庭和爱的人，她用尽一切方式来挽救这段婚姻，甚至用儿子来当作婚姻的筹码，因为她再也不希望自己童年时父母离异的厄运再次降临在自己孩子的身上。然而，婚姻一旦朝着下坡路走，就是覆水难收。

当媒体问及奥黛丽对这段感情的想法时，她没有避之不谈，或者沮丧失意，更没有趁机说丈夫不忠诸如此类的坏话，而是面对镜头，微微一笑。

她说："爱情是一道难题，谁都无解。我相信我做的牺牲和努力会成为今后生活的重要回忆，我会努力让自己成为一个快乐的

人，不抱怨过去，因为我相信微笑能让我更快地开始新生活。”

她的乐观，她的微笑，无不感染着身边的人。

她始终是一个相信爱情的女子，用微笑驱赶心中的苦闷，终于在不久之后，她和她的第二任丈夫安德烈·多蒂邂逅了。

多蒂曾说，他被奥黛丽天使般纯净的笑容迷住了。

学会微笑，无论是留给自己，还是带给他人，这都是最华美的印记。像奥黛丽一样微笑面对生活，面对命运，那么一切都将是美好的。

学会绽放你的优雅

优雅不是一蹴而就的，而是日积月累所积攒出来的恒久魅力。绽放优雅的魅力，将其与他人共享，这既是种美好的品德，更不失为对他人的尊敬。

在生活中，做一个优雅的女人应该是女人一生中的至高追求。优雅是自然的、独特的、简洁的、知性的，绝对不单指外在的漂亮，而是一种内心的智慧。内心不够优雅，便不是真正的优雅。

几乎没有人见过奥黛丽·赫本邋遢或者过于随性的装束，哪怕是下楼遛狗，她都会收拾得一丝不苟。头发盘起来扎成一个髻，黑色或深灰色及膝大衣搭配一双高腰靴子，手上的皮手套铮铮发亮，这就是奥黛丽的日常装束。她无论做什么，总是留给他人优雅而美丽的印象。

优雅暗含着一种对世俗的抗争，誓不做一个低俗的人。而要具有这种抗争能力，女人必须不断地努力提升自己，在生活中尽显女性的温柔与妩媚，在工作中巾帼不让须眉，在任何场合都要将自己最优雅的一面展示出来。

曾经和奥黛丽共同拍摄过影片《窈窕淑女》的女演员路易斯曾说：“奥黛丽的出场让其他女演员都黯然失色，她的优雅令人不自觉想去模仿，却总也学不来那种韵味，因为她的美是独特的。”

绽放优雅的魅力，是人的一种能力，女人应该学会让自己成为星光，走到哪里，都能点亮周围的黑暗。

优雅的另一个名字叫自信

其实，优雅的另一个名字叫自信。

自信是一种生活态度，更是一种无形的外衣，让女人从内而外散发着动人的光彩。

奥黛丽·赫本就是一个将自信演绎到极致的女子。

初涉影视圈的时候，她长久以来坚持的舞蹈梦想刚刚破灭，但她在玛丽老师的指导下坚定地选择了影视演员这一职业。从英国电影《天堂的笑声》到扬名国际的《罗马假日》，奥黛丽付出的努力不容忽视，但她的成长更多的是得益于她的自信，自信让她塑造了一个又一个经典的荧屏形象。

那是一个初秋的午后，奥黛丽和友人一同前往《俪人行》（Two for the Road）剧组试镜，导演斯坦利·多南问奥黛丽："请问你觉得自己有希望成为这部剧的女主角吗？"

她答道："是的。"她的回答斩钉截铁。多南对她的回答表现出了兴趣，因为其他前来试镜的女演员都多少不够自信，无论是容貌还是演技，或许那只是谦虚，但奥黛丽十分独特，于是他继续问道："为什么？"

她说："没有为什么，我就是认为自己可以。"

看着她认真的表情，多南欣慰地笑了，这就是他心里的吉吉。

自信的女人，走路时是昂首阔步的，表情是淡定沉着的。自信的女人，如奥黛丽一般，无论在哪个人生阶段，都是优雅而有风采的，永远保持微笑。

有人曾经说过这样一句话：自信是女人最好的装饰品，一个对自己没有信心的女人，就算她长得不难看，也绝不会有那令人心动的吸引力。这句话生动地说明了自信对女人的重要性。自信的女人不惧怕失败，因为她懂得用积极的心态面对现实生活中的不幸和挫折；用微笑面对扑面而来的冷嘲热讽；用实际行动维护自己的尊严。这一切都淋漓尽致地表现出自信者的气质，一种坦诚、坚定而执着的向上精神。因为美貌可使人骄傲一时，自信却足可使人骄傲一生。

自信是一个女人内心的自我修养，是让女人从内到外更加充实的基石。如果说女人拥有美貌能带来短时间愉悦的话，那么自信则会带给女人永恒的美。

因为慈悲，所以优雅

慈悲是一朵惊艳的岁月之花，它能让女人变得更加美丽和从容。

慈悲的表现方式是善良，善良是一种美好素质。善良的人，内心常常充满宁静安详，这就是美好的善良带来的力量。

奥黛丽·赫本就是慈悲良善的最佳代表，晚年的她全身心地置身于慈善事业，为那些饱受战争、饥饿和干旱困扰的儿童们奔走呼吁。

因为爱，所以慈悲

慈悲是这个世界上最温柔的力量，它可以让人忘却悲伤，让人心怀希望。

1987年10月，应前荷兰驻葡萄牙大使范乌弗尔德的邀请，奥黛丽和罗伯特·沃德斯一同前往澳门参加一个为联合国儿童基金会募捐的音乐会。在音乐会开始前的庆典上，奥黛丽作了演讲，她对孩子们发自肺腑的爱深深打动了当时联合国儿童基金会的高级总裁詹姆斯·格兰特，格兰特先生当即向奥黛丽发出邀请，希望她能够担任联合国儿童基金会的亲善大使。奥黛丽欣然接受了邀请，她说："我希望能用我的名气来帮助那些可怜的孩子们。"

众所周知，奥黛丽年幼时因为百日咳与死亡擦肩而过，经过母亲的讲述，她对那段毫无印象的过去开始了思索，开始将人生的诸多经历看得透彻。

她后来对她的儿子们说："生活日复一日，慢慢地会给我们带上脚镣，让我们变得束手束脚，可是'死过一次'的经历却可以帮助我们挣脱这样的困境，让我们明白，什么值得我们去为之付出，什么不值得。"这也是奥黛丽一生都保持慈悲为怀、谦逊待人的根源。

在“二战”时期，奥黛丽和她的乡亲们都处于饥寒交迫之中，随时都有可能被疾病和饥饿夺去性命，幸好战争结束后，联合国儿童基金会和红十字会进驻阿纳姆市，给居民们提供了药品和食物，正是这种大爱让奥黛丽和她的小伙伴们得以活下来。奥黛丽始终相信是联合国儿童基金会传播的大爱创造了奇迹，她说：“我一生都将铭记联合国儿童基金会对我的帮助。”

有人说，信仰的精髓源自于对一种超然的爱的领会，正因为童年时期这些特殊的经历，奥黛丽懂得爱对人的心灵世界的重要性是无可取代的，因此她把爱作为信仰，从此奥黛丽在爱中安身立命，奔忙行走。

因为爱，所以愿意付出。

奥黛丽·赫本曾经说过一句脍炙人口的话：“随着岁月增长，你会发现，你有两只手，一只帮助自己，一只帮助他人。”

作为联合国儿童基金会国际亲善大使，奥黛丽开始为世界各地的贫困儿童提供各种各样的帮助，包括医疗和食物。

1989年时，奥黛丽·赫本曾以联合国儿童基金会亲善大使的身份在日内瓦公开演讲：“儿童是我们最重要的资源，是我们对未来的希望。我们不止应该保证儿童能够维持生命的存活，还应该使他们远离感情的、社会的和身体上的虐待。只有这样，才有可能设想一个没有不安和暴力的世界。要使这个设想变为现实，必须靠我们自己。”

奥黛丽还曾说：“人生最重要的莫过于享受生命，过得快乐——这才是最重要的事情。”

她坚信，爱，可以治愈世间一切悲伤，让它们变得美好起来。她心甘情愿地奉献自己的爱，并且在给予那些孩子们爱的同时，她也从中感受到快乐。

英国的莎士比亚爵士说，慈悲不是出于勉强，它是像甘露一样从天上降下尘世；它不但给幸福于受施的人，也同样给幸福于施与的人。

善良的女人才美丽

奥黛丽·赫本曾写过一篇演讲稿，里面说道：“世界只有一个，它正变得越来越小，人们之间的接触也不得不越来越频繁。我们生活在这样的环境中，那些富有的人就有义务、有责任去帮助那些一无所有的人。”

她的话无疑让闻者感动，然而，她在实际行动上做的要远比演讲中提到的多得多，也辛苦得多。

奥黛丽无论身处何地，是否拍戏，她都很关心世界各地那些儿童，她知道很多国家无论贫富，都有或多或少的儿童在经受苦难，而这些苦难来自成人世界对于他们的忽视、虐待和缺少关爱。联合国儿童基金会的任务就是让全世界都来关注这些孩子，呼吁人们不要忘记这些儿童，帮助他们更好地活下去。

她除了经常举行募捐活动，还多次去往非洲展开考察并实施援助。因为她知道，对于那些遭受饥饿的母亲和儿童来说，拿出钱来给他们，是一个好办法；但对于那些因为各种原因而面临死亡的儿童来说，钱对他们毫无意义，他们需要的是深入灵魂的关爱，来排解和消弭他们的悲伤和焦虑。

奥黛丽做慈善总是亲力亲为，常年长途飞行，加上她自幼体质不是很好的关系，使她落下了病根，而且由于她经常去的是发展中国家，当地恶劣的环境和各种传染病，都让奥黛丽的身体经受了一次次严峻的考验。有一次去索马里看望儿童时，她感染重病，是医生使用了强效抗生素才最终帮她脱离了危险，但由于抗生素的关系，奥黛丽的身体也出现了药物副作用的症状。

但奥黛丽从来不后悔自己为儿童所做的一切，她认为这一切太值得了，因为她是如此地喜欢孩子，她曾说，看着自己的儿子出生，她简直不敢相信，这个孩子是属于她的。

经常有人说，奥黛丽也没有多么的漂亮，人们对她的评价是否有吹捧的嫌疑。事实上，奥黛丽的美丽不只是外表，更多的是来源于她内心的善良、纯净，以及优雅迷人的气质。她内外兼具，清纯而高贵，美得令人折服，这是最高境界的美丽。

善良是一种修养。不要把善良推给别人，也不要以别人的冷漠作为自己放弃善良的理由。也许，为了践行善良，我们需要放弃某些自身的利益，需要做出物质或精神上的某些付出，还需要学会包容、学会理解、学会奉献，而这些都正是一种自我精神上的升华。

生活中，多些温和，多些宽容，多些笑容，一个人真正的魅力才能显现出来。尤其是要懂得善良，多为他人考虑，魅力才能更加熠熠生辉。

与爱同行，心就不孤单

心里有爱的人，是善良的人，是懂爱的人。

奥黛丽·赫本初次成为慈善大使的时候，她去了索马里、肯尼亚、埃塞俄比亚、孟加拉国等贫穷国家。这几趟旅行给了奥黛丽很大的精神震撼，因为触目所及，哀鸿遍野、饿殍满地，这些悲惨的景象让奥黛丽心怀戚然。

1992年11月，63岁的奥黛丽·赫本完成了对埃塞俄比亚贫困儿童的援助计划。从索马里回来，感觉身心都很疲惫，情绪低落。她原以为是感染了阿米巴病毒，于是前往洛杉矶一家医院做了全面检查，没想到检查结果竟然是结肠肿瘤。她必须要停止做慈善的脚步，但她的心却一直牵挂着那些身陷苦难的孩子们。

在她弥留之际，她的大儿子肖恩一直守护着她。他握着母亲的手，问她有没有什么遗憾的事情。奥黛丽回答道："没有，我没有遗憾。我只是不明白，为什么会有那么多儿童在经受痛苦。"

一代巨星最后留给世界的话，仍旧是对那些遭受苦难折磨的孩子们深深的牵挂。

她走了，却将爱和温暖留在了这个世界。因为她的呼吁，更多人开始关注苦难中的儿童，开始为慈善事业奉献力量。

奥黛丽的病和她晚年长途奔波，倾尽心力为儿童慈善事业所累有很大关系。她在一次旅途中，发现身体异样，但以为只是平常的小毛病，并未放在心上。之后又多次出现身体大大小小的不适，但她以为是年岁大了，身体自然而然的毛病而已。事实上，她的结肠肿瘤就是由这一次次的劳累积累演变而成的，最终，医生给她下了通牒，必须要停止一切活动。

面对这样的结果，奥黛丽没有懊悔，更没有对自己所做的一切产生怀疑。她始终贯彻一条信仰，那就是仁慈。她宁愿将生命都献给那些苦难中的孩子，也不愿意做一个冷漠的人。她曾说，自己能做的就是用已有的名气来影响那些有钱有势的人，为这个世界奉献一点爱。

一个懂爱的女人，心灵必是美的。

也许我们做不到奥黛丽那样的“大爱”，但能做到让自己善待身边的人和事，这就是一种美德。

只要与爱同行，心就不会孤单。爱会让心灵更加充实，让生活更加充实。

做一个淡然而纯净的女子

纯净的女子，可以是清水芙蓉，可以是妩媚妖娆，也可以是特立独行……

奥黛丽·赫本的一生，几乎找不到任何黑暗的东西，无论是八卦新闻还是娱乐节目，奥黛丽始终远离是非中心，她给自己的内心圈了一块净地，始终保持着自己内心的纯净。

内心的安宁

荧屏上的奥黛丽从来都是高贵典雅、活泼纯洁，从来不需要靠搔首弄姿或妩媚妖艳来博得人们的关注，她的气质永远纯净无比，堪称是世界影坛上一块难得的瑰宝。

她留在电影史上的光辉形象永远那么让人痴迷与神往，精致的吊眼梢、高颧骨，嘴角隐隐的微笑，都让人为之倾倒。但奥黛丽本人却从来不认为这些是她得到人们喜爱的理由，她认为，真正让人难忘的不是美貌，而是内心的纯净。

和友人聊天时，被问及自己最引以为傲的是美貌还是演技时，她却答，是内心的安宁。

生活中的奥黛丽·赫本亲切而温和，她与人交好，娴静又富有耐心，与家人在一起时，她很喜欢烹饪，做各种美食给家人，分享自己的心情。她的大儿子肖恩就曾经在回忆她的书籍里列出了母亲的独家菜谱，不仅食材搭配合理，更是制作精良，不少菜谱都是奥黛丽保持身材的秘诀，也是她对待生活积极的爱。

奥黛丽从来不愿评价他人的生活，在聚光灯下，她安安静静地做自己。派克与妻子发生矛盾的时候，媒体追着问奥黛丽对此事的看法，她只是淡然一笑，答道："这是他的家事，我没有评论的资格。”

她分得清自己的立场，而且也深刻地明白一个道理，那就是情感的事情谁也说不准，她自己的婚姻就明确地证明了这个道理。

她不仅不评论他人的八卦，对于自己的一些娱乐新闻，哪怕是诽谤和诋毁，她都微微一笑，不会放在心上，她坚信，清者自清。

有一次她和大儿子肖恩深夜归家，被媒体拍到模糊照片。结果第二天的头条就是“奥黛丽与小情人幽会”这样让人看了就火冒三丈的标题。然而，奥黛丽却跟儿子说：“看来在他们眼里我还是很年轻的，都和儿子一个年龄层了。”她乐观而积极地化解了一个八卦新闻，也给儿子树立了宽容大度的母亲形象。

纯净的女子，骨子里是如同梅兰竹菊一般让人如沐春风般的舒适，奥黛丽·赫本，本没有想去捕获谁的心，也没有想去讨好谁，只是跟着自己的心走，一点点的本真，无心插柳间，便收服了许多人。

胸怀豁达，生活便充满芳香

奥黛丽有一句名言：“魅力的双唇，在于亲切友善的语言。可爱的双眼，要善于看到别人的优点。苗条的身材，要肯将食物与饥饿的人分享。美丽的秀发，因为每天有孩子的手指穿过它。优雅的姿态，来源于与知识同行。人之所以为人，是必须充满精力、自我反省、自我更新、自我成长，而并非向他人抱怨。请记得，如果你需要帮助，请从现在起善用你的双手。随着岁月增长，你会发现，你有两只手，一只帮助自己，一只帮助他人。”

从奥黛丽的话中可以看出，她拥有多么豁达的胸怀。

有人说女人不必像男人那样要求自己太多的社会责任感和包容之心，实际上，优秀良好的品德，对男女都是一样的。奥黛丽豁达的胸怀为她的事业上升不断地拓宽道路，从《甜姐儿》到《罗马假日》再到《俪人行》，奥黛丽的成功跟她超群的演技密不可分，然而，美好的品德更是她登上事业巅峰的有力助推器。同期的演员和导演都对她的为人赞不绝口，这使她的演艺事业更加顺风顺水。

豁达的胸怀有时候很简单，尊重他人，多为他人着想，微笑面对困难。但很多人往往在这个过程中难以控制自己的脾气和秉性，自私而功利。这是极其错误的。做到尊重他人并不难，任何时候，请记住，尊重他人就是尊重自己。

善良的心地同样是让人生精彩的必要条件，正所谓“助人助己”，尤其是女人，善良和蔼、慈眉善目的女人总让人觉得亲切，愿意接近。

在拍摄影片《俪人行》时，奥黛丽已经是家喻户晓的大明星了。有一天，在片场休息时，一群人在一起说戏，声音嘈杂，而奥黛丽在旁边休憩，她一直想安静入眠，但在这样的环境中显然是不可能的。她本来可以要求他们小声一些或者去远一些的地方说，但她却始终不曾开口，默默地听着。后来奥黛丽的助理过来了，他对那几个演员说："你们这么大声，难道没有发现打扰了赫本小姐休息吗？"奥黛丽听后却连连摆手说："不碍事的，你们忙你们的。"

奥黛丽的大度和豁达给很多人留下了深刻的印象，这也是她被称为"女神"的原因之一。内外兼修是真正的美。

有些女性常常被尘世所干扰，以至于被生活中的烦恼和琐碎蒙蔽了一颗单纯的心，也就看不见生活中的美好未来。

其实，世上没有绝对幸福的女人，只有不肯快乐的心。

有些女性往往喜欢比较，在一味盲目的攀比中丢掉了自己的幸福，在别人所谓的"幸福"标准中不明不白地虚度年华。其实，幸福本来就没有标准答案，更没有统一模式。当你有颗豁达的心时，你已经同时拥有了一切。

有一种优雅叫不计较

不计得失也是一个人品质淡雅的基本体现，而最能体现奥黛丽胸怀大度、不计得失的是在影片《窈窕淑女》幕后发生的故事。

影片讲述下层卖花女伊莉莎被语言学教授希金斯改造成优雅贵妇的故事，从头至尾洋溢着幽默和雅趣，片中有大量经典歌曲。为了演好这个角色，奥黛丽很努力地演唱并录制了全片中的歌曲，她的表演令影片闪耀着特别的光彩。但华纳老板因不喜欢奥黛丽的演唱而请了配唱，这样的结果是奥黛丽没有想到的，因为没有人告诉她会找配唱，直到影片播出那一刻，她才知道真相。没有什么事情比欺骗更让人气愤的了，奥黛丽完全有理由去质问老板，或是在采访时道明真相，但她没有这样做。

当有记者采访配唱一事时，她微笑着回答："高音部分我唱不了，因为我不是歌手。"事实上，奥黛丽低沉婉转的歌声比起华丽高亢的女高音更突出人物的真实感，更加适合剧中的情节表达。

这部影片在1963年公映时赢得了八项奥斯卡大奖，正是奥黛丽的出色表演成就了这部影片，但因为配唱的事情，导致她连奥斯卡最佳女主角的提名都没有得到。导演库克怕她难过，所以安慰她没有获得女主角提名的原因是华纳没有在提名前让影片在洛杉矶大部分电影院上映。

但奥黛丽却只是摇头微笑，她说：“至于提名这件事，我想我是众人皆醉我独醒的唯一一人。每个人似乎都在找理由解释，在我看来却非常简单，我的表演还不够水准。我坚信真的有人对杰克·华纳或我怀恨在心，或者要确保朱莉·安德鲁斯获奖，只要我的表现够水准，那么他们都只是白费心机。《窈窕淑女》对我意义如此重大，因此我不由得偷偷希望能够提名，但绝不奢求。因此我虽然失望，不过但不像一些朋友那么震惊。”

奥黛丽未获奖项，这本不是她的错，可结局却只能由她来承担。这样的境况，奥黛丽肯定十分失落，但她没有去指责他人。

常怀着一颗律己之心，努力做到顺利时淡然处之，遇到挫折时不灰心丧气。只有怀有这种宽阔的胸怀，才能正确看待自己的能力，不会受到外界的影响。正因为懂得这些，奥黛丽才会不去计较得失，一直保持好的心态。但这一切远远没有结束。虽然奥黛丽一心想要淡化这件事情，但是就好像是故意要考验她的胸怀究竟有多宽、度量究竟有多大一般，美国影艺学院点名要奥黛丽去晚会颁发最佳男主角奖。

这个决定无疑让奥黛丽失落的心情雪上加霜，让她更加难过。她对库克说：“没有获得最佳女主角提名不算什么，但要让我去颁奖，压力真的是太大了。”其实，她完全可以拒绝学院的要求不去出席这个让她难堪甚至有些屈辱的晚会。但最终，她还是去了。

颁奖晚会上，她高雅而端庄地站在奖台上为搭档雷克斯·哈里森颁发奖项。不光如此，她还主动向当届获得女主角奖的安德鲁斯祝贺，并与她合影留念。

虽然奥黛丽没有获得那一届的奥斯卡金像奖，但她宽容大度的笑脸所散发出的光彩却夺人眼目。她没有获奖，但却成为了当晚乃至历届奥斯卡晚会最炫目的明星。

美，来自内心

奥黛丽最常说的一句话是：“一个女人的美不在于她穿的衣服，不在于她的身姿，也不在于她梳的发型。”

她很聪明，女人的美当然不仅仅是外表所看到的一切，最重要的是真正与其接触之后所感受到的品行，例如真诚。那是一种让人仰慕、敬重、折服的魅力，那是让她成为全民女神，成为影坛传奇的最重要因素。

真诚的心，是美貌不可取代的

奥黛丽在拍摄影片《甜姐儿》时，有一次，导演斯坦利·多南要求她穿上黑色紧身裤、黑色上衣和黑鞋，但却要她穿白色袜子。多南觉得这是出于影片效果的需要，奥黛丽必须照做。但奥黛丽本人一直对自己的大号脚极不满意，担心穿白色袜子会显得她的大脚更大而显得很难看，所以表示反对。她坚决地说："穿白色袜子会破坏整个黑色线条，我的脚看起来会不连贯，所以我希望能够穿着一体色的黑袜子来完成表演。"多南也寸步不让，他说："如果不穿白色袜子的话，整个人会被背景溶掉，你的动作会看不出来的。"奥黛丽和多南彼此争执了几句后，没有再出声反对，而是大哭着跑进了衣帽间。

奥黛丽一向温和，突然出现这么激烈的反应，一时间大家都呆住了，以为就当前的局面，这场戏怕是要等到下一次再拍了。令大家都没有猜到的是，奥黛丽并没有因为自己的错误而罢工，几分钟后她恢复了平静，换上白袜子来到了摄影棚继续拍戏。后来，影片播出后，奥黛丽仔细看过那一段后，她向导演多南递上了致谢字条，说他的坚持是对的，并感谢他对自己工作的支持和包容。

奥黛丽为自己的错误致歉，毫不迟疑。她深深明白，没有什么比正确的东西更重要，面子问题不是问题，诚心去听从他人的话语，去体会其中的意义，这才是她真正该做的。

生活中，遇到类似的事情，很多人可能都会和奥黛丽一样，认为自己是对的会坚持，最后发现自己一直想坚持的东西其实是完全错误的，但却不愿或者不肯去面对自己的错误。因为做到真诚真的太难了，真诚就意味着要将自己的缺点表露出来，不论是无知还是幼稚，害怕他人觉察出来，都会默默地选择接受，不再提起。

其实，大可不必，坦诚地提出自己的意见，哪怕很幼稚。真诚地反思自己的缺点，不要怕嘲笑。因为，真正做到这些，

是没有人会去嘲笑你的，因为真诚本身，已经足够令人敬佩。

人与人之间的感情就像织毛衣，编织的时候一针一线，小心而漫长，拆除的时候只要轻轻一拉。真诚是沟通的桥梁，没有了真诚，无论是多么美好的感情可能就会像织毛衣一般，轻轻一拉，所有的过往都消失了。

善意待人，收获的不只是感动

善良的心不是谁都可以拥有，也不是谁都可以驾驭，很多人只是表面上的热忱，但真正的善意待人是发自肺腑的。

有时候一个小小的善举，收获的可能是意想不到的结果，或是感动，或是成功。

奥黛丽是个极为善良的人，她心地纯真，善意满满。尤其是晚年做慈善的时候，有一件事是特别令人印象深刻的。

那次，奥黛丽去往索马里派送物资。她来到一座简陋的帐篷里，看到那里有许多饥饿的孩子正排着长长的队伍领取基金会给他们准备的食物。队伍里有一个端着盘子的小女孩特别显眼，因为她总是不断地向前面张望，从她眼睛里流露出来的渴望显而易见，她一直在遭受饥饿的折磨。

当小女孩的目光与奥黛丽的相对时，小女孩似乎呆住了。

忽然，她扔下手里的盘子，向奥黛丽跑过来，然后紧紧抱住了她。所有人都愣住了，只有奥黛丽安静如初，她环紧手臂，像母亲拥抱自己的孩子一般，紧紧拥住这个陌生的小女孩。

这一幕，让在场所有人的眼眶都湿润了。因为所有人都知道，在这个温暖的拥抱中，小女孩得到了爱和希望。这份爱将会伴随小女孩的一生，让她在以后的生活中不再彷徨和孤单。

无论是小女孩还是奥黛丽本身，抑或是一旁的人们，大家都被深深感动了，这样的感动，既是一种心灵的洗涤，更是一种灵魂的震撼。彼此都能感受到爱和给予，被爱和被给予。

我们可以猜想，这个小女孩长大后，一定会铭记奥黛丽给予过她的温暖和爱，这种力量像太阳每天都会升起一样，盘旋在小女孩的心头，她以后必然也会成为一个善意慈悲的人。

温暖是种力量，是一种可以传递，相互感染的伟大力量。

如果我们都能够像奥黛丽那样，真诚地表达自己的善意，那么即使只是一个眼神，对方都能感受到你发自内心的美，让人感受到温暖和爱。

奥黛丽曾说："魅力的双唇，在于亲切友善的语言。"她是这样说，也是这样做的。她不但对派克或是惠勒等有同等名气的大腕明星们友善，对比她名气小的搭档们也是如此，她从来没有因为自己的名气而瞧不起他人。

我们在日常生活中经常看到这样的情景：有的人因为一些

鸡毛蒜皮的小事便恶语相向，甚至动起手来。还有的人对旁人的困难漠不关心，甚至冷嘲热讽。这样的举动源于缺少友善之心，因此不懂得谅解包容。

其实，对自己的内心，我们也该做到真诚，因为内在的气质是最宝贵的。一个真正懂得与他人相处的人，绝不会因场合或对象的变化而放弃自己的内在气质，不会盲目地迎合、随从别人。友善待人，你会发现，生活精彩了许多。

用心倾听，是一种别样的友善

倾听是一门艺术。

学会倾听，有时候是困难的。因为我们大多数人都不懂倾听的真谛。

奥黛丽和派克的友谊可以说是众所周知，派克如同兄长，是奥黛丽最忠诚的倾听者。

1968年秋天的罗马雨雾连绵，阴郁潮湿。奥黛丽·赫本与第一任丈夫梅尔·费勒14年的婚姻彻底宣布结束。伤心欲绝的奥黛丽一连几天没有吃东西，她的生活除了雨水就是泪水。

她伤心悲痛却在人们面前表现得从容淡定，她不愿让任何人看出她的沮丧和痛苦。就在这时，派克打来了长途电话，接到电话的瞬间，奥黛丽终于控制不住地痛哭失声，她对派克说出了心里的悲伤。她说："在这个圈子里，婚姻真难维持啊！请你相信我，我是把婚姻、家庭生活放在第一位，而把事业放在第二位的。我本来想白头偕老，但太难了，太难了！"奥黛丽对派克毫无掩饰地表述了自己的内心，因为她知道，派克是此刻最忠实的倾听者。

事实上，奥黛丽对于派克的意义也是如此。晚年的派克遭遇丧子之痛，他拒绝与任何来试图安慰他的朋友见面，唯独奥黛丽来时，派克打开了紧闭的大门，他愿意让她来分担自己生命中的悲伤。

奥黛丽和派克这样的倾听是有意义的，因为彼此打开了心门，愿意将悲伤和痛苦共同分担，他们不会到处去说给其他人听，他们只是静静倾听彼此的心意。

因为倾听才有坚固的友谊，因为坚固的友谊才会彼此倾听。这是相辅相成的，也是相互依托的。用心去倾听，听到的是真诚，彼此的心也会更近一点，感受到的，也是彼此温暖的心意。

用心倾听，不需要太多的言语，一个眼神就足矣。站在对方的立场上看问题，对方能从你的眼神中读出你的真诚，那是一种别样的友善，是伪装不出来的。

古希腊先哲苏格拉底说："上天赐人以两耳两目，但只有一口，欲使其多闻多见而少言。”

这寥寥数字便道出了“倾听”的重要性。

人生就像一首乐曲，有快乐的音符也有悲伤的音符，我们要学会倾听这些音符，从中学到尊重，得到友谊。倾听可以净化我们心灵，可以提高我们的素质，可以让我们学到许多哲理，使我们得到快乐。学会倾听也就学会了尊重。

如果我们没有时间去倾听自然的瑰丽，也没有机会去品评自然的意境，那就让我们用心倾听别人的言谈吧，无论你职位是高是低，无论男女老少，无论话题是否喜欢，做一个用心的倾听者吧！

用眼睛注视着言谈的人，用心去倾听言谈的内容。语言是一个人行为的影子。我们常因说错话而后悔，但从未因沉默而后悔，更不会因为用心倾听而受到伤害或失去什么。

一个懂得用心倾听的女人，会渐渐变得冷静，并且知书达理。用心倾听，在某种意义上，是我们最好的学习和修行。

用心去倾听，让更多需要爱的人们能够释放自己心中的感受，快乐与人分享变双倍，悲伤与人分享会减半。倾听别人，也是倾听自己，这是对彼此心灵的尊重。有时候，倾听是一种享受，是一种快乐，更是一种特殊的幸福。

PART 2 有一种倾国倾城叫修养

腹有诗书气自华

常说“腹有诗书气自华”，是说胸中有才气，气质自然与众不同，会流露出一种高雅而别具一格的书卷气，让靠近的人有一种如沐春风般的感受。

女人要读书，要学会读书，将书中的知识化为自己的力量，做有意义的事，成就自己的人生。

有才情，才会有格调

女人无论是哪一种格调，都必须要明白，唯一可以提高才情的方式，就是读书。

奥黛丽·赫本虽不是真正意义上的“才女”，但她也是爱好读书的典范。

“二战”期间，所有的物资都被纳粹霸占，包括食物和服装，这是人赖以生存的两大要件，但平民却根本没有办法得到这些东西。奥黛丽也是常常食不果腹，以至于只能靠喝水来维生。在已经没有任何食物可以吃的时候，奥黛丽就躺在床上看书，借此来忘记饥饿，也填充自己的精神。

她的两个哥哥总是嘲笑她说：“连饭都吃不饱，你还有闲心看书！”她反驳说：“读书的时候，心里会变得很安静，都不觉得饿了。”

侵略者一面剥夺居民们的食物和自由，一面用食物和自由作为诱饵，以此引诱意志不坚定者成为叛徒。很多人为了食物和自由供出自己的亲人和朋友，在那个朝不保夕的年代，人的操守和品行有时候抵不过一个面包。

然而，奥黛丽始终保持着清醒的头脑，书籍带给她的不仅是精神上的充足，更是一种身体上的满足。读书常常让她忘记饥饿，也让她的精神更加充实，她始终选择相信父亲的选择，也坚持自己的理解。纵然，父亲的离开给了她和母亲很大的伤害，但她认为，父亲的所作所为有自己的想法和坚持，所以奥黛丽不愿意以个人的想法去左右父亲的选择。战争结束后，奥黛丽获得了人生的新机遇，也顺利消除了与父亲之间的误会。

谁又能说奥黛丽的高雅气质不是书籍的功劳呢？她自幼惨遭家庭变故，却还能保持完美的人格，处处与人为善，这不得不说是书籍让奥黛丽获得了一个不一样的人生体验，让她明白了很多人生道理，也造就了她之后不同寻常的人生。

一个人的容貌，前二十年是父母的基因给予的，至于二十岁以后，其美丽一定跟自己的修养有关。一个女人，她的物质生活质量会在一定程度上影响到她的容颜，但真正的美丽，我想，它首先与女人的内心相关。正所谓“相由心生”。其实，真正美丽的女人，都是那些情怀柔软、善解人意，而且不抱怨、不唠叨的女人。也就是说，美丽，它与情怀相关，与教养相关。教养不一定是知识，不一定要学富五车。

教养有时候是一种通透的悟性，藏在举手投足之间，是一种温婉如水的气质，它以一种婉约和持续的姿态自然流露出来。在我们生活中，高雅的女人，无论身处何地，总会为周围的人带来一种身心的愉悦，让人愿意接近。

才情高雅，格调出众，来自于精神世界的充实，它是女人一生引以为傲的资本。

爱读书的女人有气质

腹有诗书的女人，她的气质自然优雅大气，周身都散发着令人侧目的魅力，就像一坛深藏的美酒，被端上了桌台，那沁人心脾的酒香，令人沉醉其中。

为什么古人说“腹有诗书气自华”？有情怀、有教养的女人，会洋溢出一种气质，只有气质是不可替代的。所以从这点看来，女人没有必要怕衰老。年华就像陈酿，越酝酿越有味道。

女人的高雅气质不是与生俱来的，都是在后天，在对世界的认识中逐渐修炼得来的。这其中，最重要的修炼途径就是读书。

读书让女人学会善良，学会自尊，学会微笑。

很多人说奥黛丽身上带着一股极少有的与生俱来的美，但她的魅力也是经历了生活的磨炼，对人生有了新的认识和体会才散发出来的。她的高雅才情，少不得书籍的功劳，读书的乐趣，让她看起来纯情高贵又温暖可亲。

读书，往往不能一两日见效。经年累月的时间轴承，在滚动的间隙，让女人变得不一样。读书的女人，面容变得从容，心境开始娴静，其从内到外散发的气质是令人瞻望的，让人倍觉亲切的。而不读书的女人，往往会变成所谓的市井小民，甚至动不动便骂街的泼妇类型。

奥黛丽读书，不是像林徽因那般以书为食，人人奉之为“才女”，奥黛丽是以书为友，将学习到的知识转化为自己生活的能量，不是才女，却能说出诸多令人振聋发聩的名言。

她说：“美丽的眼睛能发现他人身上的美德，美丽的嘴唇只会说出善言，美丽的姿态能与知识并行，这样就永不孤单。”

“选择一天，好好地享受——直到极致。我认为过去的经历能帮助我享受现在，我不愿浪费当下的任何一点去为未来苦恼。”

她的话很多被人们奉为经典名言。不只是因为她是名人，而是因为她说的话，能够激起人们的共识。

这何尝不是读书的功劳？

书籍是女人的“妆”。

女人化妆有三个层次。第一层化妆，是改变体质，改变生活方式、保证睡眠充足、注意运动和营养，改善皮肤、精神充足，是身体自身的“妆”。第二层，是通俗意义上的化妆，涂脂抹粉，让容颜看起来美丽娇艳，是外在的“妆”。第三层化妆，是改变气质，多读书、多欣赏艺术、多思考、心地善良、乐观生活。女人的气质和修养才是永远美丽的根本，这一层是最困难的“妆”。

女人最高雅的品位，是由内而外散发的文化气质。书可以改变一个人的气质，也可以培养一个完人。

英国著名唯物主义思想家培根说：“读书足以怡情，读史使人明智，读诗使人灵秀，数学使人周密，科学使人深刻，伦理使人庄重，逻辑修辞之学使人善辩。凡有所学，皆成性格。”

书能影响人的心灵，而人的心灵和气质又是相通的。

一个人要想把自己打扮得漂亮，打扮得可爱，就去读书吧，这是世界上一流的美容。

不读书，人往往会走回到从前的愚昧和野蛮状态，精神田园永远是一片光秃秃的荒漠。相反，人一旦有了书读，就会走近文明，走近成功，也就会获取一份智慧，一份欢乐，一份沉甸甸的人生感悟。

一个优秀的女人，仅仅拥有高贵的外表是远远不够的，她更需要坚实的内在因素做后盾，这就是悠远的书香气息。

腹有诗书，女人的气质也会变得不一样，越来越美丽，越来越谦逊。自然而然，无论生活还是工作，都是在不断地攀向新的高度，每一天也都因此变得有了意义。

生活就是一本书

读书，读的并不是时尚杂志和报纸，而是真正意义上的好书。它是沉淀岁月冲刷的沙金，很重，不耀眼，却有保存的价值。

在书籍的海洋中游弋，往往在不经意的瞬间，我们便获得了人生的充实和安宁，寻找到了生命的价值和真谛。

假如除去经济的因素，天下的女人，可分为读书和不读书的两大流派。

书对于女人的效力，不像睡眠。睡眠好的女人，容光焕发。而失眠的女人眼圈乌青。读书和不读书的女人在一天之内是看不出来的。书对于女人的效力，也不像美容食品。滋润得好的女人，驻颜有术。失养的女人，憔悴不堪。读书和不读书的女人，在三个月之内，也是看不出来的。

奥黛丽常常会把人生当作一本书，酸甜苦辣，喜怒哀乐，都能从中得到体验。

十岁的奥黛丽刚刚适应在伦敦郊外寄宿学校的生活，母亲就携全家迁往荷兰的阿纳姆。“二战”即将爆发，只有在自己的祖国，中立国荷兰，这位单身母亲才感到些许安全。后来，奥黛丽称母亲这个举动为“最后的英明之举”。

奥黛丽刚过十一岁生日，德国人就攻占了阿纳姆城。在随后的岁月里，食物和自由变得匮乏，并成为间谍的诱饵。那场浩劫令奥黛丽失去了朋友、叔叔和两个哥哥。

在她十六岁时，期盼已久的自由终于到来。一家人虽然幸存下来，对战争的记忆却终生无法挥去。

“如果我们知道阿纳姆会被德国兵侵占五年之久，我们一定会饮弹自杀。当时，我们以为噩梦下周就会结束，也许六个月后，或者明年。我们就是这样一天天捱过来的。”她曾说，

“如果你听说或读到有关纳粹的任何令人发指的行径，不要怀疑。事实比你想象的还恶劣。”

奥黛丽还说：“在战争中，我们失去了一切：房子、财产和存款。但是我们毫不觉得可惜，因为活下来就是财富。那样的年代，你经受了死亡、贫穷、危险，从而加倍珍惜和平与安全，体会命运的莫测，懂得珍惜生活。缺衣少食，炮声弥漫，这一切都让我看重自由和生命。从这方面讲，经历‘二战’对我起了积极的作用。战争让我拥有很强的适应性，对之后获得的美好事物都感激涕零。我对食物、自由、健康、家庭和生命都怀有强烈的尊敬。”

正是这段难忘的岁月对奥黛丽的人生产生了翻天覆地的影响，她的为人处世和性情才会变得温暖而坚定。不会轻易就动摇心中的念头。因为这段生活的经历就是一本极为精彩的书，风风雨雨、坎坷羁绊都在其中。

对我们来说，生活可能不会如此坎坷，我们更渴望寻求一种与内心世界相吻合的情感碰撞。在生命的某一天，会突然感悟一种心灵的升华和生命的回归，内心深处就有一种淡淡的神往。

把对生活的渴望和追寻，通过读书释放出来，成为一种对生命永久的歌唱。

事实上，读书就是读生活。读书不仅仅是寻找生活的踪迹，更不是空虚生活的无奈之举，而是一种真正灵魂上的升华。从书中得到生活的灵感和启发，这才是最重要的。

懂得读书的女人，能够从文字中获得力量，久而久之，连容貌都会发生改变，变得从容且淡定，宠辱不惊，对待生活的态度也会有根本的改变，变得积极向上，努力乐观。

作为女人，有时候不需要太多浮华的生活，沏一杯清茶，手捧良书一本，静静地在书的世界里徜徉，岂不是岁月静好？

释放你的女人味

人们常用鲜花比喻女人，女人如花，花是娇艳而美丽的，同时也是香气四溢的。

每个女人也该有自己独特的香味，那就是女人味。

女人要有女人味。无论是Office Lady还是家庭主妇，是女人首先得有女人味，少不得女人应有的温柔、温顺、贤惠、细致、体贴。身为女人而缺少女人味，在男人的心目中便没了色彩。

淑然之气，娴静之味

优雅的女人是淑女，淑女气质和风范的含义绝对不等同于中国传统意义的礼教名词，它是在新的历史条件下，女人在仪表、谈吐、举止、思维上和行为习惯上一种独具特色的女性魅力，能真正表现出女人纯洁、真挚的人格魅力。

诚然，奥黛丽是美丽的，她谈吐文雅，气质清新，举止优雅，不是靠“装”出来的撒娇可爱以及淑女的外表，而是灵魂深处散发出来的气场，那是真正的淑女。

女人味是一股香味，这个香味绝对不是指身体散发出的香，否则，一瓶香水就能解决了，这香味是一种自内而外散发出的迷人气息。

奥黛丽的淑女之气表现在亭亭玉立的外表。她工作繁忙，面容却从无愁苦，再紧张也是微笑熙然。她亲切随和，每个人都愿和她亲近，哪怕是最隐秘的情感问题，她也愿意和亲近的朋友分享。与她谈天说地，常给你人生的启迪，让你沉静，感受到生活的美好与希望。

淑女还有一个最基本的特点，那就是拥有洁身自爱的高尚情操。

奥黛丽是世界影坛上难得一见的瑰宝，她拥有清秀容貌，一双标致深邃的眼睛。身材苗条且修长，她的气质永远那么高雅纯洁。在观众心目中，她从不在摄影机前搔首弄姿，更不用裸露镜头和挑逗性的动作来取悦观众，色情电影更与她无缘。1976年在拍《俪人行》时，其中有一场海滨的戏，奥黛丽和男主角必须身着游泳衣。然而对优雅、美丽，十分敏感又十分苛刻的奥黛丽，想到自己首次将身材暴露在千千万万影迷面前，不禁紧张到了极点。

导演安慰她，给她打气，说她的身材是大多数女人都羡慕的，根本不用担心会有人指指点点。奥黛丽经过激烈的思想斗争，决定尊重电影的拍摄以及剧组的安排。然而，那个片段拍摄下来，奥黛丽能明显感觉到自己的力不从心。好在在最后的成片中，她展现了一个获得过奥斯卡最佳女演员奖的职业演员的精湛演技。她的这种洁身自爱同时又尊重事业的高尚情操，在整个影视界，尤其是在好莱坞女演员中，是非常难能可贵的。

女人味是像奥黛丽那般自尊自爱，爱惜自己的形象，更会努力维护自己的形象。

女人味同时又是神秘的，缓缓地动人心弦，不可捉摸。它没有形状，没有定势，是润物细无声的诱惑，是若隐若现的美景，是以少胜多的智慧。

欲说还休女人味，说不清的，正是女人的娴静之味、淑然之气。

智慧和温柔让女人最具吸引力

奥黛丽的女人味无疑是无双的，人们狂热地追求她美丽的倩影，迷恋她的气质。

这除了外表可见的因素，内在的智慧和风度也是人们为之倾倒的理由。

女人的风度是永恒的香水，是与众不同的魅力，那是你独特的女人味。

物质堆砌不出女人味，所以有钱不是必要条件，化妆品也只能让女人外表看起来光鲜靓丽，可这种装扮出来的美，时间久了，总会显得情调不足而索然无味。

然后，想要拥有从内散发的女人味并不是一件简单的事。没有一定的文化底蕴、修养和人生阅历，是难以烹调出醉人的味道来的。女人味还来自于女人的美德。

奥黛丽曾说："爱情并不可怕，可怕的是爱情的枯萎和变质。经历过一切之后，我才意识到原来它可以残酷地扭曲你的生活，粉碎你的人生。如果我的生活中只有宁静的夜晚，没有被爱情折磨到万劫不复的地步，爱情就没有什么可怕的。"

"在恋爱和结婚的过程中，我一直有遭到离弃的担忧，这种担忧萦绕在我的每段爱情中。人最怕失去的往往是最珍惜的东西，你害怕它会改变。就像为什么我们在穿过街道时左顾右盼，因为我们害怕被撞到，但是我们还是要穿越街道。”

她对爱情的态度是智慧而简明的。

“我的工作原则就是：不抱怨，即使筋疲力尽也不放弃，不在有演出的时候外出。索妮娅教导我，如果你足够努力，就一定能够成功。一切的努力都源自你内心的力量。机会不会如影相随，所以当它们到来时，你最好抓住它们。”

她对待工作的态度也是积极而智慧的。

女人最能打动人的就是智慧和温柔，知轻知重，知冷知热，如奥黛丽一般，温柔娴静，高雅自爱，她将自己的美丽精心维护，用心打磨，展现给我们的是一颗比明月还亮的星，耀眼得不容忽视。生活中，我们可能难以达到奥黛丽这样的境界，但只要我们肯努力将自己的温柔保持下去，遇事不轻易发火，待人接物凡事有度，这便是美的昭示。

做智慧而独立的女人

智慧的女人，懂宁静，不抱怨，积极努力，充满正能量。

一个拥有极致魅力的女人，不是装出来的，那需要修养的积淀、心态的健康、为人处世的淡然……最重要的是有智慧且独立。

不抱怨的女人最优雅

奥黛丽·赫本是极优雅的女人，无论命运如何，她从不抱怨。从从小被父亲遗弃的幼女，到“二战”时期的贫困儿，再到两次婚姻的失败，爱的创伤使奥黛丽的一生都充斥着不快乐和忧伤，但她并未就此抱怨和沉沦。她坚信爱可以疗伤，因此以积极的态度去面对人生，用爱去拥抱这个世界。

奥黛丽和父亲的再次相遇，是在第一任丈夫梅尔·费勒的帮助下，通过红十字组织实现的。约定的见面地点是都柏林谢尔伯恩酒店的大堂。

看到奥黛丽的时候，父亲像雕像一般站在那里，没有走近，也没有伸开双臂拥抱她。他的表情一如当年他甩开六岁奥黛丽的小手那般冷漠和骄傲。但奥黛丽主动走上前去拥抱了他，就像其他那些幸福的女儿拥抱自己慈祥的父亲一样。虽然父亲的遗弃让她心中受到极大的创伤，但她依然选择了宽恕和原谅。甚至因为担心他会内疚，在这次团聚中奥黛丽一直努力忍住眼泪。

在接下来的岁月中，奥黛丽的父亲一直接受着女儿的赡养，虽然他在女儿的成长过程中一直缺席，没有尽到做父亲的责任。但奥黛丽认为这是两码事。她说：“他们只是平凡人，抱怨并不能改变什么。他没有做到他应该做的，不意味着我就应该以牙还牙。我必须做到我自己该做的那一部分，不论我曾经被伤害到什么程度。”

奥黛丽是一个多么聪慧的女人，她从不会将不开心的过往用抱怨来填充，有的只是一个宽慰的拥抱，而她得到的是亲人的爱、理解和支持。

生活中，类似奥黛丽的遭遇很多，无论是婚姻的背叛还是亲人的不辞而别，给心灵带来的创伤都是难以愈合的，很多人可能会觉得委屈，不是安静下来想办法，而是歇斯底里地哭喊。常听到女人这么说：“我瞎了眼，当初嫁给你。”其实，爱情最初的美好是真实的，只是生活褪去了激情和光鲜，每个人都以真面目面对彼此的时候，才会发现很多所谓的“缺点”，于是吵架拌嘴成了家常便饭，更有甚者，变成了名副其实的“怨妇”。这是极不可取的。

人生不如意之事十有八九，无论是失去的还是拥有的，都是最合理的安排，不要在毫无意义的事情上浪费自己的精力，纠缠不休，以至于容颜憔悴，理智失衡，丢失了真我的风采。

智慧的女人可以决定自己生活的颜色，懂得让生活多姿多彩，而不是黑白无色。做智慧的女人，做不抱怨的女人，聪明而简单地生活，面朝太阳，心底开花，那么一切都是美好的。

做真正的自己

奥黛丽·赫本是天使一般的女人，她的离开被称为是“天使飞去了天国”。所谓“天使”，就是或纯真纯洁，或优雅高贵的人。通常情况下，我们把孩子称为天使，因为孩子是没有心机的，是无比单纯的。而奥黛丽是天使，那么她必然也是如孩子一般的纯良。

天使总是善良的，天使总是为他人着想的。

拍摄《罗马假日》的那年夏天是罗马有史以来最炎热的夏季，而比天气更糟糕的是当时罗马的政治局势。罗马的大街小巷处处充斥着嘈杂、热浪、流弹和恐怖气息。在这样的环境中，奥黛丽的工作难度可想而知。可她没有任何的抱怨，每天在片场像个精灵逗大家开心。

在电影中，白日里的安妮公主身着白色长裙、头戴皇冠，高贵典雅、气质非凡，像是一朵在皇宫花园里盛开的牡丹花，雍容而华贵；夜里逃出大使馆的公主虽然身无分文，流落街头，但她身穿衬衫喇叭裙、披着过肩长发的样子又如荷池中那一尘不染的莲花。

事实上那段时间罗马像是着火一般炙热，演员们脸上化妆用的油彩经常拍到一半就溶化掉了，不得不去重新洗脸补妆，有时候一个镜头半天重复拍摄五六十次才算成功。

奥黛丽是女主角，只要她的戏份通过，那么这个镜头基本上就算过关了。为了能让每一次拍摄都尽快完成，她就需要一直端着那股劲儿，丝毫不敢放松。而奥黛丽的体质一直不好，不难想象比起别人她要忍受更多的痛苦。

当大家都在抱怨天气热、拍摄困难的时候，奥黛丽却顶着热浪，给剧组的人送水送毛巾，有时候还帮忙化妆，她从没有因为自己是女主角而索要优待，反而总是像个管家婆一样，处处帮忙。

因为天气酷热，剧组的所有人都吃不下饭。但高强度的劳作又需要大家保持足够的体力，所以即使没有食欲，大家也会勉强吃上一点。奥黛丽本来就很柔弱，平日里吃得很少，此时更是没有胃口，她几乎什么都不吃，每顿饭都只喝一点香槟来补充体力。就是这样的情况下，她仍然每天保持充足的活力，和演员们对台词，认真演戏。拍戏之余，还动员大家打起精神。

在那个酷热的夏季，在奥黛丽的陪伴下，这部电影顺利杀青。如果没有奥黛丽的关心，可能大家仍旧会按期拍完这部戏，可她的出现，让大家的生活里多了一丝快乐，少了一丝无聊。即使在这部戏拍摄结束后很久，剧组很多人都还记得奥黛丽带给他们的快乐。这是纯净的天使气质，如一股夏日清泉，留在大家的心里。

一个女人，要能做到为人称道，那么她必将是一个智慧的女人，因为她赢得了人心。只有人心是最真实的东西，它甚至可以帮我们走到事业的巅峰。

都说女人如水，纯净、清澈。所以摒弃内心的黑暗，尝试让自己变得纯净起来吧，唯有如此，才能看到另一个别样的人生。

做有独立思想的女人

女人的独立是多面的，精神独立、思想独立、经济独立。这其中，思想独立是最重要的一条。

所谓思想独立就是凡事有自己独到的见解，不依赖他人的指点和干涉，完全有自己的思想体系，不人云亦云。

思想独立的女人要做到尊重他人的选择，不把自己的价值观、人生观和世界观强加到别人的身上，能够设身处地为他人着想，站在对方的角度理解他人，并尽可能地帮助他人。即使自己和别人的想法不同，也不会企图去改变别人，充分懂得尊重他人的思想和习惯，需要时会聪明地进行引导。男人对这样的女人评价非常高，如果是妻子，便是一个贤内助；如果是合作伙伴，便是值得信任的朋友。

奥黛丽的独立思想表现在她对事情的处理态度上，她从不依赖其他人的见解。在与自己的灵魂伴侣罗伯特·沃尔德斯在一起为联合国儿童奔走的过程中，她常常以经济舱飞机票作为礼物送给对方，这让很多人为之不解。奥黛丽经济殷实，又是大名人，为何要送这些不值钱的经济舱机票呢？然而，奥黛丽有自己的见解，她认为无论是飞机还是汽车，都只是一种代步工具，不能成为象征身份的标识，所以她坚持如此。作为灵魂伴侣，罗伯特和奥黛丽是有着相同之处的人，他们彼此欣赏，又彼此支持。

有一回出席活动，奥黛丽的助理选了一件礼服给她，却没有提前让她试穿，到了活动即将开始时，她才发现，这是一件较为裸露的性感长裙。奥黛丽当即提出更换服装，并坚定地说："这不是我能驾驭得了的风格，至少，我不合适。"

助理企图说服她，但终究徒劳无果。在奥黛丽的坚持下，最后换上了一件较为保守的红色长裙。

生活中，我们可能会经常因为他人的意见而改变自己的想法，但奥黛丽坚持自己认为正确的事情从不改变，这一点也为她赢得了真正的尊重和美好的爱情。

坚持自我是有独立思想的表现，但坚持自我不是盲目固执，而是在明白真相和真理的情况下的理性决定。坚持自我，不拜金，不虚荣，努力做自己认为对的事情，积极向上。

有时候，努力保持独立思想是很困难的事，但不坚持自我，就永远活在他人的目光里，不能踏出自己的世界。努力做独立的女人，因为有思想的女人是完整的、独立的、受人尊敬的！

精致而精彩地活

女人需要精致，更需要精彩。

精致是一种发自内心的品质，不只是容貌上的修饰，穿着上的美丽，更多是内在气质的体现。像奥黛丽·赫本那般拥有一颗金子般的心，待人接物真诚用心，热爱生活。

精致的女人，就像娇艳的玫瑰，浑身散发着醉人的香味。

精致，是美丽之外一种傲然的风骨

女人可以不漂亮，但不能不率真，要简约自然充满阳光，不浓妆艳抹，也不素面朝天，懂得时尚，却不盲目跟风，不追求刻意与众不同，但万众瞩目，不哗众取宠，不矫揉造作，眼底自有万种风情却不轻浮，更不故作矜持。魅力来自于那份大方、淡定、从容，这便是精致的女人。做精致的女人，自信不自恋，独立不孤立，相信爱情，相信人生。

提到精致女人，就不得不提奥黛丽·赫本，一个优雅高贵的女子，一颗纯真透明的心。

奥黛丽在电影《罗马假日》中的公主形象，以及她在其他多部影片中所表现出的贵族气质，时至今日仍让人记忆犹新。很多女人都羡慕她单薄又精致的背，羡慕她身材颀长，气质优雅，穿上芭蕾舞鞋时就像一只可以起飞的白天鹅。其实奥黛丽胖不起来只是由于“二战”时期没有充足的粮食而导致了她肌肉发育不好的原因，而优雅的气质则源自生活带给她的自信、内涵以及胸怀。这些美好的东西加在一起，就是优雅。

精致是一种极致的学问，它不会随着岁月年华的老去而老去，它一直存在于生命中的角落。

精致不只表现在外表上，更多的是表示心灵达到一个令人神往的高度。

首先，精致的女人是自尊自爱的，对生活更是积极主动的。

一双清澈而温和的眼睛是奥黛丽的标志。都说“眼睛是心灵的窗户”，可见奥黛丽的心灵同样是清澈温暖的。

在伦敦《罗马假日》首映式结束后的晚会上，格里高利·派克向奥黛丽介绍了他的朋友、导演、演员兼作家梅尔·费勒。奥黛丽被梅尔的外表吸引，迅速爱上了他，之后两人合作了话剧《美人鱼》。

不久后，两人结婚。奥黛丽对梅尔忠贞不渝，温柔体贴，而梅尔却对奥黛丽控制得很严，且过于维护自己的男性权威，有时甚至是简单地凭直觉行事。

他们的一个朋友评论说：“梅尔对奥黛丽好像有一种统治的权力，我觉得他所表现出的男子汉气概比一般人还要强，他对她那么生硬，说一不二，使旁观者都难以接受。”

他们的事业发展太悬殊了，梅尔感受到来自奥黛丽的压力太大了，虽然他明白，真正的罪魁祸首是舆论的渲染，但最终，男人的要强使得他和奥黛丽的婚姻走向了灭亡。

挥别了这段甜蜜开始苦涩结局的婚姻，奥黛丽没有太多的时间去伤感，去抱怨，而是积极努力地投入到工作中，接拍影片。

在婚姻里，她努力维系家庭，在事业上，她也是以家庭因素为基础。她接片很谨慎，在跟梅尔的婚姻破裂之前，她甚至提出，只接拍有丈夫梅尔·费勒在的影片。

精致的女人如她，在婚姻里自尊自爱，婚姻之外，积极努力，主动出击，不做懦弱的失败者，拥有的用心珍惜，失去了的，就不要念念不忘，该决绝时就要决绝。

很多人将女人的精致放在表面上，实际上，精致是一个很微妙的词语。精致是一种奢华的风骨，做事有自己的态度，自爱并且爱人，善待他人，同时，不亏待自己。

做精致的女子，就该像奥黛丽那般，不随大流，不卑微，努力做真实的自我。

精彩地活着，不辜负易逝的流年

所谓精彩地活着，不一定要成为奥黛丽·赫本这样的名人，不一定非要做出多么惊天动地的成就，因为只要怀着一颗创造美好的心去面对这个世界，那生命本身就是值得人鼓掌的精彩。

精彩地活，女人的心就像被春雨滋润的大地，开出一片姹紫嫣红，如阳光普照大地，温暖世界，如此美丽。

如何才能精彩地活着呢?

首先，女人要学会打造平衡而丰富的生活内涵，让身心都沉浸在美好的生活中，找到工作的意义，让工作变成精彩感受的重要来源。

奥黛丽在这一点上做得很好，她的工作是拍戏，她在工作时，总是全身心地投入，从不敷衍。

在拍摄《蒂凡尼的早餐》时，有一个镜头，奥黛丽在倾盆大雨中与男主角相拥，拍摄多次仍然不过，最终导演布雷克·艾德瓦兹决定用一条看起来还算不错的镜头，但奥黛丽却坚持要拍到满意为止，为了那场戏，她淋了无数次大雨，最后这个镜头才算过了。

导演和剧组人员都感动于她的敬业态度，她自己却说：“这只是我的分内事情罢了。”如果你认为这只是一种敬业态度那就错了，于奥黛丽来说，那是一种精彩的生活，拍戏是她的工作，她将工作视为一种生活内涵。

奥黛丽曾对剧组的一个朋友说：“戏如人生，对戏的态度就是对人生的态度。”是的，用心工作，你会发现，生活会变得有意义起来。

其次，要学会在爱中体会浪漫与甜蜜。

相爱时，用心体会爱的甜蜜。爱情的保鲜期往往很短，难以天长地久，激情退去之后，生活常常平淡无奇。平淡的日子里，要学会珍惜，学会珍藏，慢慢地你会发现那些曾经不在意的细节，竟然是那么的精彩。抱着一颗敏锐而善意的心，你会发觉，其实我们原本就拥有着精彩的生活。

那些活得有滋有味的人，不一定是有钱有才的幸运儿，而是那些懂得在生活中的每一个时刻，去细心品味当下的感受，并从中获得很大乐趣的人。

奥黛丽在经历了两次婚变后，她开始明白了，也开始努力改变自己，在遇到她的“灵魂伴侣”罗伯特之后，她才真正体会到，爱是什么。爱是包容，爱是宽厚，爱是给予。所以这段感情一直持续到她离开这个世界。

因为奥黛丽学会的是珍惜，学会体会生活中的苦与乐。她终于精彩地活着了，为了自己，更为了爱她的人。罗伯特曾向友人夸赞奥黛丽，他说：“奥黛丽其实是一个很有童心的孩子。”

罗伯特用“孩子”一词来形容晚年时期的奥黛丽，这是一种宠溺，更是一种对爱的诠释。也只有像奥黛丽这般用孩子般的童心，用心去发现生活的精彩，同时用心去维护这份美好，才会即便是到了晚年，也同样能让男人对她敬重而且宠爱。

做这样一个去创造美好的人，送一个微笑，递一声问候，看他人因此而快乐，便是精彩地活着。

懂得分享自己的精彩给他人

分享，是一种境界，是一种智慧。分享爱，分享喜悦乃至分享痛苦，这都是我们所需要的。欢笑由两个人分享，快乐将会加倍；痛苦由两个人分担，痛苦也将减半。把自己的关心分享给他人，他人也会分享给你他的真心。只要我们懂得分享，快乐和幸福往往便会“不请自来”。

俄国伟大的作家托尔斯泰说：“神奇的爱，使数学法则失去了平衡，两个人分担一份痛苦，只有一份痛苦；而两个人共享一份幸福，却有两份幸福。”学会分享，你会忘却生活的烦恼，你会感到生活更加丰富多彩，不管是物质的还是精神的。

懂得分享有时候是一种心灵的净化过程。

奥黛丽·赫本晚年时，和其男友罗伯特在为非洲儿童奔走的过程中，不断地利用自身的影响力号召他人来关注苦难中的儿童，并且自掏腰包援助难民。尽管已经上了年纪，但奥黛丽丝毫没有要停歇的打算，在帮助孩子们的过程中她自己也是快乐的。

每当看到接受救助的孩子们那闪闪发亮的眼睛，奥黛丽就会觉得由衷的快乐和幸福。对她来说，也许给予是举手之劳，而对于那些孩子们来说，却是如同天降的幸运。

每帮助一个孩子，她的身心都能感受到一种生命的活力，生的渴望和生的希望。

助人助己，奥黛丽不怕苦难，无论环境多么险恶，她都愿意去奔走。

一份快乐，两个人分享，就成为两份快乐。

是的，幸福其实很简单，就是与他人分享。不让多余的物质消耗和伤害自然和心灵，不让多余的东西挤压和遮蔽了追求真理的心灵，在简单的生活里体验着真正的快乐和幸福。

懂得分享，就懂得了爱的真谛。

修炼不卑不亢的品质

在这个世界上，出身卑微或生活艰辛的人很多，但这并不代表我们就要卑微地活着。

大千世界，芸芸众生，每个人都是独立而独特的存在。只要我们保持自我，努力地生活，就能获得他人的尊重甚至敬重。

做一个刚刚好的女子，不攀附不将就，不迷茫不低头，不自卑不自大。

不需要明白什么叫“卑微”

奥黛丽的成名之路远没有表面看上去的那么光鲜和顺风顺水。在伦敦跟随玛丽老师学习芭蕾舞时，奥黛丽被告知因为身高和体型问题，不能成为首席舞者，她很沮丧，而在这之前，她其实一直备受歧视，因为身材过高，几乎没有男舞者愿意与她为伴，她经常被一个人呆在角落里。

其实奥黛丽自己心里也很清楚，但她仍然热爱芭蕾，希望能在舞台上拥有一席之地，为此她付出了太多的努力和汗水。有一回，她偶然听到两个芭蕾男演员在讨论女伴儿的事情，但他们推来推去都不愿意与奥黛丽合作，原因是由于抛举等动作，和奥黛丽合作时需要更大的力气，所以男舞者总是对她避而远之，而这样的现状也一直持续到她离开芭蕾舞台。奥黛丽没有埋怨他们，也没有因此而自卑，她仍然每一天都坚持努力，期待能实现心中的梦想。

可以说，成名前的奥黛丽一直被不公平地对待着，可却从未听到过她抱怨，更没听过她因此而自卑。

命运的转折总在不经意间完成，奥黛丽从不被芭蕾舞台接受到成为戏剧舞台上的耀眼明星，她完成了人生最华丽的转变。这是自信的力量，更是努力的结果。

奥黛丽知道，她在芭蕾舞的世界里永远都做不了女一号，永远出不了头，所以她转战了影视剧。事实证明，她的决策是对的，在影视舞台，她是永远的女一号。

不自卑，不认为自己卑微，这才是成功的主要因素。

奥黛丽的成功很大程度上，要归功于她的天性乐观和自身的努力。天性的乐观就是不卑微，不自傲，不居功，这是一种骨子里的优雅气质，更是心灵上的一缕清风。它能抚平内心的忧伤，让她更加明白内心的真实想法，勇敢去面对未来，面对未知的一切。

不卑微，还是一种必须要学会的生活技能。因为没有自信，就没有底气，进而便会失去机遇。改变人生的命运往往只在一念之间，而没有机遇就意味着失去了改变的可能，那么生活将永久地原地踏步，这不是最让人悲观的事吗？

不卑微，不骄傲，只要做好自己就能收获意想不到的美丽结局。努力勇敢地踏出这一步吧！勇敢表达，努力上进，一定会收获一个新的明天。

落落大方，一如最初

落落大方，通常情况下是一个人大气自信的表现，遇事不慌，冷静沉着。

在社会交往过程中，一个人的仪表与着装往往决定着给人印象的好坏。中国有句谚语："人靠衣装马靠鞍。"还有一句："佛要金装，人要衣装。"不论收入是否能够满足我们对服装的要求，干净舒适，朴实大方是最重要的，再加上亲切有礼的仪态，能够给人以落落大方的好感。

除了仪表方面，女人的落落大方更多表现为率性自然，不亢不卑，不张扬，不显摆。

当奥黛丽去为电影《罗马假日》试镜时，她只需要穿着及地的白色睡袍在公主床上做躺下、坐起、微笑等动作。奥黛丽对这次试镜并没有太大的期盼和渴望，完全只当成对母亲的一次交差，因此她以轻松的状态出现在镜头里。试镜结束后，她伸了一个懒腰，然后冲狄金森做了一个可爱的鬼脸，调皮地问："您看我表演得如何，还可以吧？"说完她自己忍不住笑了，她的开朗和自信感染了拍摄组的每一个人，大家都笑起来。可奥黛丽并不知道，拍摄并没有结束，她最自然的一面全部被拍了下来。

放映她的试镜片子时，她率真自然的表现，令片场人员惊呆了，大家都被她的风采迷住了，导演惠勒更是当即要拍板签约，因为他将要拍摄的这部《罗马假日》中所需要的恰恰便是一个妩媚纯真的优雅公主。他想，奥黛丽绝对是最佳人选。事实证明，他没有看走眼。

最终，《罗马假日》红遍全球，奥黛丽·赫本也成了家喻户晓的大明星，后来她的名字几乎成了一部电影是否卖座的凭证。

奥黛丽成名了，但她没有因为自己的身份地位发生了翻天覆地的变化而开始变得趾高气扬，她永远和最初一样，一样的以笑脸示人，一样的善解人意，通达世情。

在她和梅尔离婚后，她接拍了《蒂凡尼的早餐》，这部经典的影片，让她再度成为人们追捧的对象，但她对人对事的态度却始终和拍摄《罗马假日》时期一样。

不论是面对工作，还是面对生活，面对爱情，都要懂得不盲目地惊慌，不虚荣地窃喜，懂得在端庄之中辨真情，懂得怎样用婉转的措辞拒绝倾慕。

做女人，落落大方，一如最初，在平静的岁月，是柔风细雨，于淡然中抒旖旎柔情。

自信是最实用的化妆品

自信是一种特殊的美丽，谁都可以拥有。

自信，这是一份永不会被外人夺取、永远属于自己的财富，把自信写在脸上，会成为女人最具诱惑的美丽。

一个女人要想自信，首先要克服自卑，做事不能唯唯诺诺，前怕狼后怕虎。自卑是一种消极的自我意识，一个自卑的人不可能正确评价自己形象、能力和品质，总会拿自己的弱点与别人的强处比，觉得自己事事不如人，在人前自惭形秽，悲观失望，不思进取，甚至沉沦。这是一个处处充满竞争的社会，那种自怨自艾、柔弱无助的女人已日渐失去市场。女人充满自信，学会自我拯救和自我完善永远是最重要的！

奥黛丽·赫本是20世纪最受世人喜爱与争相模仿的女性之一，在她成为电影演员的时候，好莱坞中就已经有了一个名为凯瑟琳·赫本的超级女星。当时，要和奥黛丽签约的惠勒导演曾劝奥黛丽·赫本改名字，以免有人会将她与凯瑟琳·赫本进行对比，而且，一个好莱坞中有两个赫本也并不是一件好事，而且凯瑟琳·赫本当时已经是著名的演员了，这对奥黛丽·赫本非常不公平。可是，奥黛丽·赫本却充满自信地对导演说道："不，我一定要用真实的名字。"

"那是为什么？"

"因为我就是奥黛丽·赫本。"

虽然只是简单的一句回答，却让导演无法反驳。

这就是奥黛丽的自信与魅力。她能够得到众多观众的喜爱，主要是因为她对舞台的热爱和对自己的信任。奥黛丽·赫本鼓励女性发掘与强调自己的优点，不仅改变了女性的穿着方式，也改变了女性对自我的看法。

她刚出道的时候正是性感女星得到疯狂追捧的时候，可是她却以激进的姿态和绝对的勇气，改变了世人所公认的美女定义，以瘦削的身材和短发树立了属于奥黛丽·赫本独特的清纯形象。

有人曾经说过这样一句话：自信是女人最好的化妆品，一个没有信心，没有希望的女人，就算她长得不难看，也绝不会有令人心动的吸引力。这句话生动地说明了自信对女人的重要性。自信的女人不惧怕失败。自信者的气质，那是一种坦诚、坚定而执着的向上精神。美貌可使人骄傲一时，自信可使人骄傲一生。

奥黛丽的自信从来都是写在脸上，那一双温柔的眼睛，即使不笑，也藏着温暖的笑意，如清风拂面。正是凭借着这股自信，不卑不亢，她的事业才一步步地登上了巅峰。

自信是最实用的化妆品，奥黛丽是美丽的，我们也要记住，用自信去打败庸脂俗粉，做一个落落大方的俏佳人。

PART 3

岁月静好，许一世安稳从容

挣脱束缚心灵的名缰利锁

在追逐名利的道路上，很少有人能做到不为名利所累，不为名利所惑，常有人在名利场中迷失自我。贪欲使人丧失理性，缺乏判断力。女人要学会淡泊，远离名利场。

奥黛丽·赫本曾经红遍全球，但她却愿将一生财富大部分都捐赠给受饥饿和战争困扰的儿童，这份仁慈和善良，让我们为之动容，敬佩不已。滚滚红尘中，守住心灵的净土，不为名利金钱所累，这才是极致的境界。

活着就是当下，名利不过过眼云烟

别看奥黛丽·赫本的成绩斐然，但她从不以那些成绩沾沾自喜，因为她注重的并不是成绩本身，而是获得成绩的过程。她曾经说过这样一句话："珍惜生活，不管发生了什么，不管遇见谁都要享受这些经历。我认为，过去的经历让我懂得珍惜现在。我不愿在对将来的忧虑中蹉跎眼前的时光。"

她告诉世人，不要为了度日而活着，否则会变得利欲熏心，要珍惜每一天。她说："我发现大多数人都活得很肤浅，他们意识不到，活着本身就是精彩。"

只要关注奥黛丽的人，都知道《蒂凡尼的早餐》这部电影。在电影中，奥黛丽饰演一个想要进入上流社会的女子霍莉，她打扮入时，出入名流圈。看上去她活得优雅而又潇洒，但实际上，她却是一个父母双亡、弟弟有些智残的乡下女孩。

她一心想要与当下割断联系，成为一个有钱人，过上奢侈豪华的名流生活，但一次次意外的遭遇让她明白，生命的结果无法预料，比结果要重要很多的是过程。当她收到弟弟死亡的消息时，她懂得了名利繁华都是浮云，活着本身已经很精彩。

奥黛丽在戏中的表演精彩绝伦，获得了大众的赞誉，很多人被她所表达出来的那种现实中的美好所迷倒。

据《华盛顿邮报》报道，几个大学生被影片中的霍莉弄得神思恍惚达一周之久，似乎有一种摆脱不了的魔力，天天晚上都到影院去看霍莉・戈莱特丽。

奥黛丽之所以能把霍莉这个人物演得如此具有魅力，是因为她深深懂得这样一个道理：名利繁华都只是一场虚幻，只有活着本身才是最精彩的事情。

站在任意一个都市的街头你都会发现，每个人都脚步匆匆，他们或是为名、或是为利，每个人都在为自己设定的目标奔走忙碌。他们坚信在目标达成那一瞬间，会感受到生命的光芒和精彩。但很少有人能够停下来，像个局外人一般地审视自己、审视生活。如果停下来将发现，其实他们根本不需要等到结果出来的时候才品味精彩。他们将发现，生命的过程才是最精彩的。

而充满智慧的奥黛丽早就意识到这一点，所以她认真地做每一件事情。她始终保持这样一种理念："一件事，要么不做，要做就做好，既然要活着，那就开开心心地活出属于自己的精彩人生。"

因为秉持这种理念，奥黛丽拒绝了无数片约，只是精心挑选了二十多部电影。而她选的每一部电影都堪称经典，她本人也成为票房的保证，拥有非凡的傲人成绩。

人握着拳来到这世界，仿佛是说："整个世界都是我的。"但在离开人世时，人都是摊开手掌，仿佛是说："看吧！我什么也没带走。"所以说，无论你有多少财富，有多么高的地位，到临死的那一刻都带不走分毫。我们唯一能够真实拥有和体验的便是"活着"这个过程。因此才有了"人要活在当下"这句至理名言。

活着就是当下，名利不过过眼云烟。

守住心灵的净土

名利在每个人面前是公平的。它为人所困，为人所恃。倚重名利是一种活法，淡泊名利也是一种活法。不为利所缚，不以物喜不以己悲，便会心无挂碍，意无妄想，行无羁绊，从而变得热情乐观、健康和一片坦荡的胸怀。

在这竞争日益激烈、诱惑日趋纷繁的社会里，淡泊并非易事，经受住各种诱惑的考验，始终不渝地坚守自己的道德准则和理想信念，不重名利，以淡泊的情怀抒写人生。

据调查，越来越多的人因为无法正确面对挫折和生活中的各种压力，患上了心理疾病，甚至有很多人选择自杀，以此来逃避生命中的失败。每当发生这样的事情，总是让人痛心疾首。

我们看到的奥黛丽·赫本，她走到哪里都会散发出耀眼的光芒，但在她成名之前，却经历了父亲遗弃、战乱困窘、梦想破碎等诸多磨难和挫折。可以这样说，成名之前的奥黛丽有着一个艰辛的人生旅程，但她并没有逃避这一切，而是选择迎难而上，这样积极的心态和处事才成就了她以后的事业。

正是因为品尝过绝望和痛苦的滋味，所以奥黛丽看清生命中最重要的并不是名利和财富，而是活着本身。因此当有人因为这个问题采访她的时候，奥黛丽回答：“我的生活远比童话故事要精彩得多，纵使经历许多艰难困苦，我总能在最后有所收获。”

奥黛丽还曾经说过这样一句话："物质愈丰裕，我要得越少。"这短短几个字却简洁而明了地诠释了她对生活的态度。

或许你会说，因为奥黛丽功成名就，要名有名，要钱有钱，自然对物质看得淡，一个每日都要为五斗米折腰的人是没有资格和权利说这种话的。如果你有这样的思想，那就大错特错了。

奥黛丽之所以把活着本身看得比财富名利要重，是因为她已经悟透了生命的本质。生命的本质就是一种从生到死的状态，这是一种连续性的状态，而这种状态就是简单而自由地活着。

众所周知，奥黛丽出生六周便患上了百日咳，少女时期又遭遇"二战"，成年后的婚姻也不够理想，这一切似乎看起来毫无顺利可言，但正是这些成长的轨迹给了她生命的感悟。

自出生的那一刻起，人的生命便进入了倒计时，生命就在呼吸之间，每一秒都是下一秒的"过去"；产房、墓地是人生最平等的两个地方，不论是富人和穷人、好人和坏人，在这两个地方都是一样。

所以，奥黛丽对金钱的态度是，来之留住，去之随缘。她相信，心灵的纯净是人生最重要的，所以她毫不吝啬用自己的金钱来捐助那些需要的人们。

人的一生中，有时是金钱导引人生的方向，在追求金钱的路上，有苦有累有委屈，同时也很快乐。当有一定的经济基础和人生的资源后，要用人生健康的观念来指挥金钱，让人生因有金钱而得到物质的满足和精神的愉快。

值得一提的是，金钱不是人生快乐的唯一源泉，它只是我们生活和生存的必须。有更多的金钱固然好，没有则也要在量入为出中明白的面对，快乐人生也许就在这明智的选择中。

对于生带不来、死带不去的金钱，与其说是身外之物，倒不如说是天赐之物。一个人要想活得潇洒豁达，就必须冲破金钱的束缚，以“天生我材必有用，千金散尽还复来”的心态面对生活上的压力，积德行善，修身养性。

唯有如此，我们才会发现，生活原来如此简单。

淡泊名利，自由自在

淡泊是一种境界。宠辱不惊，闲看庭前花开花落；去留无意，漫随天外云卷云舒。

所谓的淡泊名利，宠辱不惊只是一种虚拟的美好境界罢了。人类对名利充满了渴望，其势不可逆转。我们所见到的，很多人为名为利步履匆忙、激烈竞争，随大流，跟风，不经过缜密思考而盲从，也是人的劣根性之一。

人生路途是漫长的，人类的生活是丰富多彩的，如果被名利所累，到头来可能反而会一无所有，贫困潦倒。

奥黛丽在晚年被查出不治之症时，她深深感慨：“生命无常，再多金钱也换不回一段无忧的时光。”

是的，人们常常会在大起大落的时候悟出生命的意义，那是淡泊，是随性。

淡泊名利，不去追寻那些累心的枷锁，让心灵自由自在地漂泊。女人的一生中，常常会经历到与名利相关的事，面对诱惑，如何才能做到保持初心不变呢？

奥黛丽属于一夜成名型的女演员，但是她没有变得焦躁或者自大，反而是初心不变，一如当初。她淡然的气质源自于内心的纯净，没有绯闻，更不会刻意制造绯闻来维持自己的人气和曝光度。

奥黛丽的朋友曾说：“赫本是一个完全淡泊名利的人，她从不认为自己是多么有名的人，甚至在获得了最伟大女演员的奖杯时，她都只是一笑而过。”奥黛丽从不觉得自己与其他人比有多么不同凡响，这种将名利视为身外之物的精神，是多么值得我们学习。

诸葛亮说过这么一句话：非淡泊无以明志，非宁静无以致远。很多时候，虚名只会让人徒增困扰。

没有名利的干扰，没有物欲的腐蚀，只有至纯至真的情感，我们可以活得更自在。

雅致的心境，是希望的曙光

“雅致”是一种人生态度。

淡淡的心境，岁月里的宁静恬淡，这是种娴静祥和的生活，静守陌上花开，闲看云舒云卷，这样诗意的心情，是最悠然的淡泊，也是最美的心境，因为它能让人忘记过往的烦恼和忧伤。

奥黛丽·赫本的优雅，是她的外表，是她的品行，也是她那股面对生活不骄不躁淡雅的心境。

永远保持快乐的心情

日子总是要过的，以乐观积极的态度面对生活中的一切不如意，生活便会多姿多彩。以一种诗意的心情过生活，以一种禅意的态度面对生活，你会发现一切都很美。

人生不如意事常八九。心苦，才是无可救药的真苦，以苦为乐，苦中求“雅”，才是真正积极的人生心态。

快乐是一种善意的心境。

无论是不懂帮助与求助而导致的无助，还是不懂沟通造成的交际伤害，只要保持自己快乐的心境，不自卑，不自傲，并且相信自己，用乐观的态度处理所有的困难。那么，你会发现，事物其实有两面，我们要去看积极的一面，别人会因为你的感动而感动。因为美是靠发现，这包含了共鸣、欣赏和感动。

快乐有时候是他人给予的，但更多时候，是要自己去发掘的。

奥黛丽晚年奔走在贫瘠的阿富汗时，遇见一群孩子。他们骨瘦如柴，一双双深陷的眼窝，期待着食物的模样，让人陡生爱怜，甚至有些孩子已经奄奄一息。孩子们的模样让奥黛丽深受震撼，她太清楚饥饿的感受，因为“二战”时期的自己，同样也常常食不果腹。她的眼泪几乎要夺眶而出。她是多么爱孩子呀，可这些孩子们的境况，却让她悲伤不已。她走到孩子们中间，露出笑脸来，她不愿将自己的悲伤显露在脸上，因为她知道，快乐和悲伤都是可以传染的，相对来说，她更愿意将快乐传播。

孩子们被她天使般的笑脸感染了，大家都围着她，像围着自己的母亲一般。奥黛丽真诚而灿烂的笑脸，让孩子们感受到春天般的温暖，大家愿意接近她，愿意和她交谈，她的形象深深印在了孩子们的心里，成为不可取代的天使。

奥黛丽每到一处，都会将自己的快乐带给同行的人，尤其是那些深陷生死的孩子们。快乐有时候甚至可以当作饱腹的食物，就是这样的信念支持着她走过战争，最终迎来辉煌的人生旅程。

快乐的心境能够让人明白，做人要简单，做事要干练。简单做人，是一种境界；干练做事，是一种能力。喜欢就争取，得到就珍惜，失去就放下，这是做人的简单；不拖泥带水，想到就去做，失败了就重来，这是做事的干练。人，只要拥有童年的率真、青年的潇洒，就能永葆一颗快乐的心。

永葆快乐的心境，就是永葆一颗善意的心。

互相信任是最美丽的心境

幸福，是用来感觉的，而不是用来比较的。生活，是用来经营的，而不是用来计较的。感情，是用来维系的，而不是用来考验的。信任，是用来沉淀的，而不是用来挑战的。

信任是人与人交往过程中，最坚韧的纽带，也是最纯真的热情。

奥黛丽与纪梵希之间的友谊故事一直为人称道。作为送给友人的礼物，纪梵希为奥黛丽量身研制了一款香水，这也是纪梵希的第一瓶香水。香水含有胡椒粉强烈的刺激味道，它完美地捕捉到青春少女的清新和浪漫，有着经典优雅、高贵简约的风格，这与奥黛丽的风格完全一样。

纪梵希把香水命名为“禁忌”，并把它送给奥黛丽。它是纪梵希的第一瓶香水。之所以叫“禁忌”，是因为这款香水在调制的过程中在实验室的试管上一直贴有“禁止触碰”的标签，后来就干脆以此为香水命名。纪梵希对奥黛丽说，这是送给你的香水。奥黛丽欣喜不已，她说，送给我的，那别人都不可以买。当然，这是玩笑话，但这款香水真的是在调制出的头三年，只有奥黛丽在用，因为三年后，这款香水才上市。奥黛丽是代言人。如今，这款香水已经畅销50多年了。比起派克送的蝴蝶胸针，这瓶香水的意义更加非凡。如果说蝴蝶胸针是派克对奥黛丽所有的爱护和包容，那么“禁忌”便是纪梵希对奥黛丽的灵魂上的祭献。一瓶香水包含着纪梵希对这段深厚友谊所有的祝福和祈愿。

“禁忌”成为奥黛丽·赫本一生唯一使用的香水。当丈夫梅尔·费勒听说奥黛丽买这种香水也要付钱时，说应该免费才对。奥黛丽却回答：“纪梵希可是付钱看我的电影的呀！”梅尔仍旧很是生气，他觉得这是侵犯了他妻子的权益，因此他背着奥黛丽，让经纪人去处理这件事情。

谁知奥黛丽后来知道了这件事情，非常愤怒，她认为这是自己和纪梵希的私事，因此她将经纪人解雇了。虽然她没有责备丈夫，但解雇经纪人的行动已经证明，梅尔的插手已经触犯了她的底线。奥黛丽与丈夫梅尔·费勒结婚后，有多么珍惜他们之间的婚姻，世人皆知。她处处依顺着丈夫的意思，从来不舍得违背他的意愿。唯一的一次便是梅尔插手她和纪梵希的友谊这件事。

奥黛丽把这段友情视若至宝，而纪梵希亦是如此。

经纪人和梅尔的插手并没有让纪梵希对奥黛丽有所疑心，相反，他毫不犹豫地选择了信任，彼此之间的友谊和过往的种种都昭示着这段友谊的纯粹和透明。要知道，纪梵希和奥黛丽虽然友谊深厚，但在账务上一直清清楚楚。奥黛丽不希望一段美好的友谊沾染上任何其他不和谐的因素，所以她对丈夫的言行非常不满。

如果说爱情和家庭是奥黛丽的生命根基，那么和纪梵希的友谊就是滋养这棵幼苗成长为参天大树不可或缺的养料。

在奥黛丽生命的最后时刻，纪梵希告诉她，他把她视为他生命中的全部。这句话让奥黛丽感动得掉泪。他们的友谊一直滋润和温暖着他们两个人的生命。

有时候，维持一段友谊是很困难的，尤其是社会现状复杂，各自成家之后，彼此的联系便会少了很多。很多人开始感慨，友谊变质了，人与人之间因为一点小摩擦就会变得疏远。这些都是彼此不信任的结果，若是信任，再大的矛盾，再大的误会都能很快解开。

信任就像是黑暗的天空一颗亮晶晶的星星，闪闪发光。信任有时候是困难的，但又是简单的，只要能多点耐心，多给对方空间，无论是友谊还是爱情或是其他问题，都能迎刃而解。

互相信任，是最美丽的心境，正如那香茗一杯，那份幽香和清醇，都在默默地品味之中。淡淡的一丝香甜，暖暖的一份真情，像一条缓缓流淌的小溪，不会使观者痴迷，不会使赏者沉沦，更不会使恋者疯狂。

懂得互相信任就懂得了最美丽的心境，生活中也会少很多磕磕绊绊，因为，信任能够让人走出生活的迷谷，直到看到希望的曙光。

永远站在希望的肩上

有这样的一句话："做女人难，做个好女人更难，做个名女人简直难上加难。"

然而，我们大部分人身上都不需要有这样的苦衷，因为我们并不追求那名利场上的辉煌战绩，也不在乎他人眼中的好坏评说，我们只是寻求生活中应有的一份平淡与祥和，只是想做一个清纯的自我。

永远保持希望的心境，心怀希望，就是心怀美好。那份美好，那份雅致和纯净，让人犹如置身广袤的森林中一般，有一种回归本色的淳朴，有一种冥冥之中的依恋和一种不知所然的陶醉。

希望是一个人困境之中最有力的武器。

奥黛丽在艰苦而令人绝望的"二战"期间，衣食住行根本无法保证，常常只能靠喝水来充饥。就在这样艰苦的环境下，奥黛丽也没有放弃希望，她要站在希望的肩上，展望未来，那就是她的芭蕾舞者梦。

奥黛丽虽然最终因为种种原因而放弃了舞蹈梦，但她在影视荧屏上的耀眼成就，让我们清晰地看到，一个人心怀希望时的能量会有多么强大。

奥黛丽曾在给卢加修女的信中说道：“我看到、听到、学到如此多的东西，丰富的经验让我收获颇丰，使我脱胎换骨……探究卢加修女的心灵和想法，让我不得不深入探索自己。如此这般耕耘着我的灵魂，我所体验的一切已经在沃土中播下种子，希望能收获一个更美好的奥黛丽。”

希望，让太多的不可能变为可能。只要心怀希望，就如柳暗花明一般，总会又一村。

心怀希望是一种雅致的心境，希望让我们在岁月的洪流中即使一时迷失方向，也不会失去生活的灯塔，它会一直照亮着未来的路。

当心怀希望成为一种自然的气质时，我们便不再惧怕生活中的困难，因为我们已经拥有了战胜它们的法宝，这样雅致的心境，会带我们找到希望的曙光。

心安若素，平淡是真

人生只有拥有了一定的阅历，才会发现，起起伏伏，不如平平淡淡。

平淡是另一种别样的幸福，就像一首平调的歌，娓娓道来，如水轻流，缓缓漫过心田，那该是幸福安稳，岁月静好。

淡然心境，甘于平淡

人生是一个大舞台，有些人希望自己做主角，绽放光彩。有些人希望平平淡淡，简简单单。

心境不同，结果也不同。

奥黛丽是那个时期最成功的女演员之一，甚至有人对她用上了“伟大”这一形容词，但她却从来没有将自己和“伟大”联系在一起，她始终认为，演戏只是她的工作而已。

淡然的心境是她不断努力向前的助推器，不为名利所累，也没有在原地为自己所取得的成绩沾沾自喜。

在急速的生活节奏里，面对人生历程突现的波折与崎岖如波涛汹涌般的挑战，拥有开阔的胸襟与坦然的心态，才能做到平和从容，波澜不惊。

奥黛丽的朋友曾如此评价她：“她是一个甘于平淡的人，从来不把别人艳羡的成绩当作骄傲的资本，只是像个普通人那样生活而已，她喜欢简单。”

由此可见，奥黛丽是个生性淡泊的人，从不夸大自己的成就，除了工作，她从不把自己置于镁光灯下。她生平几乎没有什么绯闻，对她来说，最幸福的事是守住家庭的温暖，不会在工作之外做过多的曝光。

据她的大儿子肖恩在《天使在人间》一书中的描述，他的童年是在老家度过，母亲是一个极度低调的人，他以前不知道母亲是荧屏上多么耀眼的明星，自己的生活也没有因为母亲是奥黛丽·赫本而变得与他人不一样。他仍一直过着简单平实的生活，直到母亲去世，来自世界各地的粉丝发来礼物和悼念信，他才知道母亲生平竟然是如此知名的演员。

奥黛丽生平淡泊名利，她喜欢平淡地生活胜过在镁光灯下做耀眼的明星。

这世上，喜欢镁光灯的人很多，喜欢平实淡雅的人反而不多。换个角度来看，无论是明星还是普通人，拥有辉煌的人生固然让人欢喜，但一旦落魄，无人问津也会是痛苦不堪的，还不如简简单单，心安若素。

甘于平淡才能感受到幸福，快乐不是生活的赐予，而是心的领悟。幸福，不是别人的馈赠，而是心的淡然。

只有甘于平淡，不争、不执着、不计较，才能感受到生活的真正乐趣。

甘于平淡，并不是无所作为，而是用淡然的心境去体会生活的无常。

懂得包容和谅解，做让人敬重的女人

由于童年时父亲的离家出走，母亲的抱怨唠叨，奥黛丽早早便明白了很多人生的道理。

后来在丈夫梅尔的帮助下，她与父亲见了一面，她对父亲的态度没有抱怨也没有恨，她只是像所有女儿爱父亲一般上前拥抱了他。

有很多人能够做到对自己的亲人宽宏大度，因为毕竟有血缘关系，亲情总是能够轻易驱散怨恨和责备，但他们却很难宽容大度地去对待亲人之外的人。但奥黛丽不但在对父亲的问题上宽容大度，对他人也是如此。

不少人在与人最初相处时，能够做到谦逊平和，但时间长了便会变得斤斤计较，因为人与人的交往总是存在着各种分歧。其实，真正的大度是无论对方是谁，都能做到以宽广的胸襟、态度平和地与之相处。在这一点上，奥黛丽当属楷模。

平和是一种相对较为稳定的心态，而大度则是一种宽大为怀的处事方式，二者合起来则是一种修为。这种修为不是天生而成，它是需要后天训练修养才能达到的一种境界。

那时，她拍摄《少妇轶事》，因为导演总是无缘无故找她的麻烦，这让奥黛丽很是气愤。当时的奥黛丽太年轻，尚不懂得对他人的小过错要大度面对的道理，因此她不懂得隐忍，每当导演挑毛病时，她偶尔也会愤然反驳，导致片场气氛一直很尴尬。

后来随着年龄增长，心智日趋成熟，奥黛丽的修为也在慢慢提高。在她拍摄《甜姐儿》时，因为年龄差距引发的不自信导致男主角弗雷德·阿斯泰尔烦躁易怒，他总是不停地挑剔和责难，甚至还不停地打断奥黛丽的表演。

奥黛丽从未向大众提及这些因搭档引致的不快，此时的她二十八岁，虽然依旧年轻，但她已经懂得了隐忍与平和。她曾经说过："荷兰有一句俗语：不要杞人忧天。事情总会有变化的时候。我非常相信这句话。"在她的积极努力之下，《甜姐儿》几乎成了当时奥黛丽的代表作，她的男搭档也在影片公映后特意找到她，向她道歉。奥黛丽笑着说："你没什么错。"

可以看出，阿斯泰尔对奥黛丽的包容和谅解是一种敬重的态度，试想，如果当初奥黛丽不堪阿斯泰尔的挑剔和责难，并提出自己的意见与之抗衡，那么结局将会是两败俱伤，不仅电影合作不愉快，友谊也会从此中断。那是得不偿失的。

聪明的奥黛丽懂得隐忍、包容和体谅，这是人生的一种境界，可能需要时间的历练和经久不变的毅力，但不要放弃，因为懂得包容，就会有越来越多的人来帮助你，人生的路也会越来越好走。

自然而然的生活才是极致的美好

凡事顺其自然是最好的人生态度。正所谓，简单地生活，生活才简单。

每个人都有他的脾气，每个人都有他的压力和无奈，想要的生活就在前方，却总是差一段距离。

也许我们该静下来拷问自己，究竟缺少了些什么。总觉得自己活得不够洒脱，别人的生活方式自己想过也过不了，冲破不了自己心的牢笼，只能在自己和环境限定的圈子内，继续重复着日复一日的忧伤和欢乐。

著名影星加里·格兰特曾评价奥黛丽·赫本，说她是敏感、保守、安静的女孩子。他曾在一次工作间隙，刻意接近奥黛丽，并拉着她的手说："希望你能学着更爱自己一点。"格兰持的意思是希望奥黛丽不要太过于保守和安静，刻意尝试着更奔放一些，对于她的前途也是大好的。

奥黛丽自然知道他这句话的用意，但还是微笑拒绝了。她不允许自己改变，尤其是为了迎合大众或者迎合导演之类去改变自己，更不愿意因此而影响到她的孩子。

奥黛丽的儿子肖恩曾说："虽然母亲是大明星，但我和卢卡都像普通孩子一样成长，我们并没有在‘好莱坞’度过自己的童年，不只是说我们的住所，也是说我们的生活。母亲从来不在家里放自己的电影，对她来说电影的拍摄结束了，就是结束了。所以我们并不是成长于一个演艺家庭。我并没有在到处充斥着电影制作人的环境中长大，我也没有和他们的孩子一起上学或者玩耍。我出生后的头几年是在瑞士度过的，在我们家附近的一个村庄学校读书，我的朋友都是农民或者学校老师的孩子。在我上学的路上有一家孤儿院，那儿的孩子也是我的朋友。”

奥黛丽十分注重自己的内心，从来不愿意刻意做改变，因为自然而然才是极致美好的。

人之所以会心累，就是常常徘徊在坚持和放弃之间，举棋不定，是因为总想得到太多，然而，人生是短暂的，也是复杂的，如果不能快速地从中分辨出哪些是重要的，哪些是需要放弃的，那么我们将陷入现实的漩涡中，往往痛苦不堪，也疲惫不堪。何不学着奥黛丽那样，给心灵解压，凡事自然而然就好，不强求。

如果奥黛丽是一个斤斤计较，凡事必究的人，她就不会拥有今天的地位，不会拥有人们对她的尊重和追逐。

人生最美是淡然。淡然是一种失意后的恬淡，一种成功后的冷静，一种不幸过后的坚强。人生需要一种淡然心境。

做女人，就应该记住，凡事自然而然，简简单单的，心素如简，人淡如菊。

低调做人，女人要学会收敛锋芒

低调，是一种修养。

低调的人会控制自己的脾气，对事对人，都不会凭己之见，心态平和，永远微笑。

奥黛丽一直都很低调。她在电影史上留下了浓墨重彩的印记，却在生活中像一朵太阳花般，安静绽放，不骄不躁，不争不抢。

人生，有时候需要的正是如此的修为。

低调是一种修养

都说奥黛丽是上帝派来人间的天使，她的一生在荧屏上为我们呈现了一个又一个经典而美好的形象，但在生活中，她却是一个低调的天使，一个生活在俗世中的简单女人。

奥黛丽的低调，那是一种智慧，更是一种修养。

在美国拍戏时，奥黛丽常常和剧组的演员们坐在一起闲谈，她从不认为自己已经是名震四海的大明星而对一些后生或者没有名气的人嗤之以鼻、置之不理，她总是微笑着和每一位演员相处融洽。在剧组，大家都非常尊敬她。

奥黛丽的魅力就在于她的平易近人和低调。

出席活动时，奥黛丽从来不穿吸引眼球的服装，总是中规中矩，不失大方和优雅。有一回她的好朋友向她说道："你可以尝试一下玛丽莲·梦露的造型，很性感，说不定会是另一番美丽呢！"奥黛丽听完笑了笑说："那不是我的风格。"她始终坚守自己的本分，从不为了性感而性感。

他的好友纪梵希为她设计的服装，也总是清纯而高雅，从来没有过任何裸露的形象。

奥黛丽绯闻极少，甚至没有。有一回有一个戏约，剧组开出了天价片酬，但奥黛丽却婉言拒绝了，因为这部戏中有大量的裸露情节。奥黛丽从不接受此类剧本，即使对方开出的价码十分诱人。奥黛丽的坚决态度让片方非常失望，但也从此对奥黛丽更加的敬重。她的态度和个性也很快在圈中传开，再也没有类似的剧本找上门来。

这样的修养，是面对金钱诱惑时，始终坚守自己的初心不变。生活中我们也会遇到此类的状况，就该像奥黛丽这般，不为金钱折腰。

低调的修养，不是单纯的礼貌，而是一种习惯的积累，更是一种涵养的综合。如果低调是花，而智慧则是不可或缺的养分。智慧之于女人，是博爱与宽容，是充满自信的风采，更是精神的独立。

人生就像一杯茶，不会苦一辈子，但总会苦一阵子。无论发生什么，都会很快过去，永葆一颗快乐的心，低调而婉约地活着，这是人生的一大乐事，也是最重要的事。

懂得低调的女人，大都崇尚本真的自我，懂得只有心灵的纯净和善良，才能感受生命的真实。即使看透世态炎凉，人情冷暖，依然对生活充满激情。

万紫千红也好，繁华落尽也罢，都不过是人生的过眼烟云。

低调做自己，那是一种最好的修养。

从容淡定，处变不惊

人生其实很短暂。与其困在财富、地位与成就的迷茫里，还不如真真切切地过好每一天。享受简单的生活，舒展身心，会有用金钱也买不到的快乐。

从容是人生的另一种品味，也是人生的一种境界。

奥黛丽·赫本的一生可以说是浮浮沉沉，命运多舛的。可以说，正是由于这些跌宕起伏的人生际遇，奥黛丽的心境才发生了变化。她变得处变不惊，淡定从容。

作为普通人的我们，或许难以想象奥黛丽的境遇，我们只看到她在台前的光鲜靓丽，却未曾看到她在幕后的辛酸和悲痛。

拍摄《窈窕淑女》时，导演本来属意的是另外一个当红的女演员，但机缘巧合下，奥黛丽出演了此片。奥黛丽对这部片子并没有抱很大的希望，没料到的是，影片一上映，竟然好评如潮，她也因此获得当年奥斯卡的最佳女主角提名。导演和其他演职人员都向她表示祝贺，对她来说，这是一次天降的机会，意料以外的收获。但奥黛丽却只是微笑处之，她并不认为应该欢喜，应该庆贺，这本来就是分内的工作，如果一定要论功，那就该归功于编剧和导演，以及其他所有的工作人员。

她的大气、大度和淡然低调的处事方式令人敬佩之至。

命运是如此的神奇，我们要始终相信，淡定的人生是精彩的，那是一种淡淡的美丽，却能让生命变得更真实，更加平实。

不轻易显露锋芒

古人讲“人不知，而不愠，不亦君子乎”。在某种程度上，人都有希望引起其他人注意的心理。要引起其他人的注意，若只是从言语、行动方面来展露的话，就会很容易留给他人锋芒毕露的印象。

女人的锋芒，往往是在处事原则上过于高调，这并不是我们提倡的。女人如水，就该轻轻缓缓，温柔细腻，平静而安然，唯有这样，才会慢慢发现更多合适的机会来展露才华，从而实现人生的目标。

奥黛丽拥有世人瞩目的傲人光环，光彩照人，生活中却是相当的低调，从不轻易显露锋芒，作为普通人的我们，更加要学习这样的品质。

每个女孩都梦想过拥有奥黛丽的美貌，其实美貌并不是她被万人敬仰的原因，真正让我们喜欢她的原因，是她低调的为人处世风格、优质的电影作品以及和天使一样的善良心胸。

即使在拍摄完《罗马假日》，成为一举成名的影视红星，奥黛丽也从来不为自己的成绩沾沾自喜，之后她接拍的所有电影，也都没有随意漫天要价或者随意迟到要大牌等这样的新闻传来，可见她是一个坚守理念的人，她一直强调自己是一个演员，只是一个演员。

如果，奥黛丽是一个成名后，就开始自我膨胀的人，那么她不会被人们尊为“天使”，也不会有如此多的殊荣加身。相信一个人对他人做了什么，他人也必会如此相待，所以我们要学会恩泽和宽厚，避免显露锋芒。

作为女人，我们不要去伤害别人也不伤害自己，不欺骗别人也不欺骗自己，低调而认真地做自己的事，总有一天会以一个让自己满意的姿态归来，也就是有所成就的时候。到了那时候，我们才会真切地体会到，锋芒是藏在岁月里的一把刀，藏得越深，生活便越顺利，身边的朋友也会越来越多。

比大地更宽阔的是海洋，比海洋更宽阔的是天空，比天空更宽阔的是人的心灵。人的心灵应该是最宽广的，大到可以宽容一切，但有时却小到容不得一粒沙子。这就需要我们在自我完善中逐步走向宽广，人生没有过不去的坎儿，只要我们能勇敢面对，生活便会照着理想中的模样前行。

也许，我们无法拥有奥黛丽的成就，但我们可以拥有她成功的经验。只有低调处事，认真生活，我们才会发现，美的真谛，生活的真谛。

做富有爱心的知性女人

漂亮的女人大家都喜欢，但若是富有爱心的漂亮女人，那便是如同天使一般的可爱，是人人都喜欢，都愿意接近的。

有爱心的女人是美丽而精致的。爱心和美丽是紧密相连的，没有爱心的女人即使外表光鲜靓丽，但在人们心目中经不起时光的磨砺。而充满爱心、心地善良是成为传奇美人的首要条件。

富有爱心的女人最值得尊敬

爱人者自然会被人所爱。

人活在世界上，最重要的是要有爱人的能力，而不仅仅是被爱。我们不懂得爱人，又如何被人所爱。我们之所以对生命做不到深刻透彻的认识，是我们还没有意识到爱人的快乐。

富有爱心的人，不但自己的生活充实快乐，而且能感染那些麻木了的、尘封了的、变形了的心灵。

众所周知，奥黛丽是个极富爱心的女人，她之所以被称为天使，不仅是天使般的美貌，更重要的是她为这个社会所做出的贡献，那是超越了一个演员的义务范围，甚至是超过了人们对“爱心”一词的常规理解。

1992年，在奥黛丽逝世前一个月，为了表彰她在联合国儿童基金会（UNICEF）所做的重大贡献，她被授予美国总统自由勋章。该奖章是美国公民的最高荣誉，而非美国籍的奥黛丽·赫本却能拥有此殊荣，由此可见，她的爱心已经超越了国界的限制，她利用自身的财富和影响力号召人们关注苦难中的儿童，并且身体力行去奔走呼号。颁给她总统自由奖，可以说完全符合奥黛丽为社会所做的贡献，她值得拥有。

1999年6月15日，奥黛丽获选美国电影协会（AFI）“百年最伟大女明星”第三名。此奖项不仅是颁发给她作为演员的身份，更包含了她对世界所做贡献的深切肯定。

2002年5月，联合国儿童基金会在其纽约总部为一尊7英尺高的青铜雕像揭幕，雕像名字为“奥黛丽精神”（The Spirit of Audrey），以表彰奥黛丽·赫本为联合国所做的贡献，奥黛丽是获此殊荣的唯一一人。

2003年，美国邮政总署发布奥黛丽·赫本纪念邮票。37美分面值的邮票，采用的是来自电影《龙凤配》中的奥黛丽形象，以纪念她在好莱坞的传奇历史和人道主义精神。奥黛丽·赫本为获得该项荣誉的少数几个非美国人之一。

奥黛丽经常举办一些音乐会和募捐慰问活动，造访一些贫穷地区的儿童，足迹遍及亚洲、非洲许多国家。她曾经以重病之躯赴索马里看望因饥饿而面临死亡的儿童。奥黛丽曾说：“世界正变得越来越小，人们之间的接触也越来越频繁。富有的人有义务、有责任去帮助那些一无所有的人。”这么多年以来，凡是评选最完美的女明星，奥黛丽·赫本的名字总是位居前列，这不仅因为她有着一副甜美清纯的容颜以及优雅高贵的气质，更是因为她有着一颗金子般的仁爱之心。

我们普通人一生可能都无法取得奥黛丽的成绩，做不到如此的大爱无疆，但我们要记住，再小的事，只要我们肯用爱心，就一定能迎刃而解，至少回想起来，能微微一笑而不后悔。

要学会拥有爱心，乐意分担他人的痛苦，并愿意将自己的快乐与朋友分享。有爱心的人，才是真的可爱之人，才能真正被人所爱。

做乐于奉献的女人，乐于爱的奉献，人与人之间的爱将会变得更加深切，生活更加轻松简单。

不炫耀不攀比

很喜欢这样一句话："山有山的高度，水有水的深度，没必要攀比，每个人都有自己的长处；风有风的自由，云有云的温柔，没必要模仿，每个人都有自己的个性。"

奥黛丽的一生，起起伏伏，经历过食不果腹的艰难时期，也经历过被万人追捧，衣食无忧的辉煌时期。可以说，任何时期的奥黛丽·赫本，她都始终坚守着自己的一片初心。在艰难的战火时期，她没有放弃梦想，在辉煌的人生巅峰，她更没有与人攀比，以炫耀自己的成就。

1954年3月25日，年仅25岁的奥黛丽·赫本凭借《罗马假日》中安妮公主一角斩获了奥斯卡最佳女主角奖，一时间声名显赫，好莱坞同期的优秀女演员都被奥黛丽的光辉掩盖，变得黯然失色。但奥黛丽没有因此而忘乎所以，更没有炫耀自己的成就，她领奖的时候却将功劳都归于导演和剧组人员，尤其特别感谢了在剧组认真帮助过她，后来成为她一生挚友的格里高利·派克。

成名之前，从未听过奥黛丽和与自己境况相当的女演员较劲或者攀比什么，她能做到让家人不再为衣食住行而担忧已经非常开心，她只是兢兢业业地做着自己喜欢的工作。

奥黛丽懂得感恩，懂得低调，她不炫耀不攀比。可以说，奥黛丽是一个极致优雅的女子，更是一个极为知性的女子。她有内涵、有主张、有灵性。她可以无视岁月对容貌的侵蚀，但绝不束手就擒，因为美丽而优雅的气质可以打败岁月的无情。她可以与魔鬼身材、体态婀娜有所差距，但她懂得用智慧的头脑把自己打扮得精致而品位高尚。

奥黛丽不喜攀比，时常有人将同时期的伊丽莎白·泰勒与她相比，尤其是当时电影《窈窕淑女》开拍时，曾一度因为女主角是奥黛丽还是伊丽莎白而存在过争议。而电影上映后，取得了非常大的反响，很多人开始说，如果当时是伊丽莎白来演的话，可能不会这么成功。奥黛丽听到这样的言论说，这肯定是各有各的味道，何必比较。

正是由于如此低调，不愿与人攀比计较的品质，奥黛丽的人生才充满希望和机遇。要做这样的女人，就要增加学识，修炼魅力，你就可能成为像她一样的知性女人。

成为一个懂得收敛，不炫耀不攀比的知性女人是很有必要的，因为这会是人生中最闪亮的品质，它能帮助你走向成功，并创造出梦想中的生活。

《金刚经》里说："应无所住而生其心。"就是在告诉我们，人应该无所执着地活着。心理学家研究发现，在影响幸福的各种因素中，金钱只起到很小一部分的因素。所以说，幸福的根本，并不在于你拥有了多少金钱，而在于你减轻了多少欲望。千言万语一句话，快乐的女人不攀比！

有攀比，就有痛苦的存在，我们不能总看到自己的短处，而不懂经营自己的长处，要像奥黛丽那样，即使失去了舞蹈的梦想，还能在其他领域内获得成功。不与人攀比，认真经营自己的人生，总有一天，会成为一个知性而有美感的女子。

攀比之心、炫耀之心，其实都是虚荣心在作祟，只要认清自己的内心，摒弃掉这些错误的观念，我们也能够成为像奥黛丽一样出众的人。

有智慧的女人，应该知道自己想要什么，生活的标准和幸福的定义来自于自己对人生的态度，只要满足了生活的所需，生活就是快乐的，这样的幸福才是简单真实的。

知性女人的美丽忠告

知性女人是美丽的，美丽的女人却不一定是知性的。

女人要学会从知性到美丽，请记住奥黛丽·赫本给我们的美丽忠告。

“要想使你的双唇更加美丽动人，那么你的话语应该富有爱心；要想使你的眼睛可爱迷人，那么你的目光应该投向他人的优点；要想使你的身材苗条匀称，那么你应该与饥肠辘辘者分享你的食品。美丽的秀发，在于每天有孩子的手指穿过它。”

“优雅的姿态，来源于与知识同行。记住，如果你需要帮助，最后会发现能帮助你的只有你自己。随着阅历的增长，你会发现你的两只手一只是为了帮助自己，一只是为了帮助别人。”

“女人的美丽并不在于她穿的衣服有多华丽，她的身材有多诱人，女人的美丽在于她的眼睛，因为那是心灵的窗户，是爱所在的地方。”

“女人的美丽并不在于她的脸蛋多么漂亮，带来真正美丽的只有美好的灵魂。只要你时刻付出你的爱心，即使逐渐老去，美丽也会与日俱增。”

“每个女人都是浑然天成的钻石。从容、淡定、善良、宽容……构成了钻石的每一面。一旦你发现了自己的这些面，琢磨它，砥砺它……你将收获最美的自己，散发出最夺目的光彩。”

奥黛丽的美丽知性已经成为永久的定格，她的举手投足，她的一颦一笑之间都让人感受到如沐春风般知性的魅力。

知性的女人就像一朵迎风绽放的百合花，端庄雅致，令人驻足侧目。如果能做到知性淡然，那么你也将拥有如奥黛丽那样的魅力人生。

PART 4

热爱生活，幸福自相伴

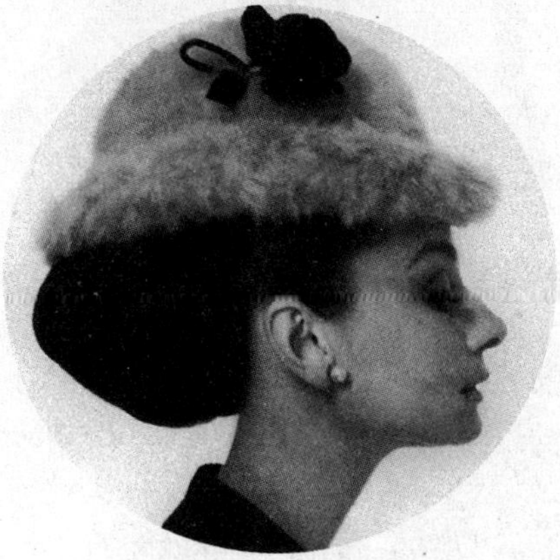

爱情，该放手时需放手

我们羡慕奥黛丽的超凡美貌，羡慕她的绝世成就，但爱情对任何人都是公平的，她的美丽和成就却无法挽救她曾经落寞的爱情。

但奥黛丽是聪明的，对爱情的态度，她是明朗且坚决的，因为这世界上只有伤心的理由，却没有沉沦的借口。

女人的爱情，往往是从欣赏开始

奥黛丽初次见到她的第一任丈夫梅尔·费勒，是在1953年8月20日，伦敦《罗马假日》首映式结束后的晚会上。格里高利·派克向赫本介绍他的朋友、导演、演员兼作家梅尔·费勒。他的深色眼睛、高颧骨、清晰美丽的下颌轮廓，高瘦的身材，形似16世纪大画家格列柯的脸庞，如雕刻出来的一般。奥黛丽被他的外表深深吸引了。

后来奥黛丽知道，他擅长击剑，爱好网球，温柔体贴，多才多艺，而且在好莱坞威望很高。梅尔的父亲是西班牙人，母亲是爱尔兰裔美国人，曾在普林斯顿上大学，还写过小说，各方面都小有所成。

那一次晚会，奥黛丽与他彼此一见钟情，后来两人合作了话剧《美人鱼》。奥黛丽和梅尔饰演一对相恋的年轻水妖美人鱼和英俊的游侠骑士。在舞台上，梅尔向奥黛丽倾诉衷肠，而在实际生活中，他也向她展开狂热地追求。该剧后来拍成电影，也相当成功。两人的爱情之花也越发芬芳吐艳。

奥黛丽跟所有女孩子一样，以极大的热忱投入她的爱情之河。她也曾经怀疑过生命中的那个男人爱她不够疯狂，是不是不想跟她结婚。星期六晚上，她会坐在电话机旁边等梅尔的电话。她试晚礼服的时候，会问他：“这裙子是不是显得我很胖？”

在梅尔面前，奥黛丽就像一个十足的孩子。

1954年9月25日，他们在瑞士美丽的卢采恩湖畔一个小教堂举行了婚礼。

这是一对多么幸福的夫妻。

奥黛丽之后的事业顺风顺水，逐渐成为光芒万丈的大明星，而梅尔还是一个二线小明星，她的才华远超过丈夫，却处处抑制自己，小心谨慎。她给了梅尔无私的爱，尽量使双方都幸福和满足。她渴望家庭稳定，幸福长久。

奥黛丽新婚伊始，社会上就有不少流言蜚语，说梅尔只是在“利用”她发展自己的事业。在一般人眼里，奥黛丽的才艺远远超过她的丈夫，她的气质与天生的优雅更是梅尔所不及。

奥黛丽发誓要让自己的婚姻成为好莱坞的典范。鉴于两个演员组成的家庭往往因长期分开而造成破裂，因此她决定和梅尔今后一刻也不分离。她甚至对导演提出条件：没有梅尔参加的电影，她不演。

奥黛丽和丈夫梅尔婚后不仅在电视版《梅耶林》和《巴黎假期》中同时登场，以夫导妇演的合作方式亮相也是一段佳话。1959年，奥黛丽在梅尔执导的《翠谷香魂》中出任女主角，1967年，梅尔担当制片的《盲女惊魂记》，亦是奥黛丽演艺生涯中的代表作之一，虽然并没有像其他作品那样为人称道，但也倾注了她诸多的心血。2000年，梅尔还在传记电影《奥黛丽·赫本的故事》中有过短暂的亮相。

奥黛丽对丈夫的崇敬多半是出于欣赏，正是因为这样，奥黛丽毫不犹豫地嫁给了梅尔，虽然当时奥黛丽的母亲并不看好这段婚姻。

奥黛丽童年时父亲离家，这段记忆对她来说是不堪回首的，所以她极度渴望爱，渴望完整的家庭，她对梅尔的欣赏也不自觉地添加了一些个人情绪在里面。

生活中的我们，又何尝不是像奥黛丽那样，遇见一份爱情，总是容易被太多外在的因素困住心牢，而忘记最重要的部分。

也许我们应该从中了解到，真正的爱情是永久的欣赏，而不是靠最初的崇拜那短暂的欢喜。崇拜是距离理解最遥远的距离，所以奥黛丽的第一次婚姻以失败结束了。

爱情和事业孰轻孰重

在面对感情的时候，我们会有很多犹豫，事业与爱情是必不可分的矛盾体。很多人常常面临这样的问题，爱情和事业冲突的时候，该如何权衡彼此？

这样的困惑，奥黛丽·赫本也曾遇到过。

21岁的时候，奥黛丽恋爱了，那幸运的男子叫詹姆斯·汉斯，29岁，英国人，是卡车制造业家族事业的继承人。他诚实可靠，个性坚强。但是当时奥黛丽正在拍摄《吉吉》（又名《金粉世家》），正处于事业的起步阶段。如果同詹姆斯·汉斯结婚，就意味着要放弃舞台事业。母亲的态度十分明朗，她对奥黛丽说："必须以事业为重，你不能生活在除了卡车就是马匹和猎狗的世界里。"

尽管母女为此争执不休，但奥黛丽还是打定主意，她要成家，她需要有一个人来填补她长久以来对完整家庭渴望的心。于是，在《吉吉》首演四天后，她对詹姆斯·汉斯承诺，《吉吉》一旦拍摄完毕，他们就结婚。然而，《罗马假日》完成并取得了巨大成功，同时她还得立刻参加《吉吉》的巡回演出，戏票已全部预售出去了。她很想飞往加拿大去看望陪伴汉斯，但却没法抽出时间。

她要收拾行装去罗马拍电影了。她是爱汉斯的，她也想结婚。她去了纽约，然后去了洛杉矶，去了罗马，最后因为《吉吉》的巡演，她一直在路上，而她的未婚夫一直在伦敦等着她。她对汉斯说："当我发现我腾不出时间来参与布置我们位于伦敦的公寓时，我突然觉得我是一个很漂亮但是很不够格的妻子。我总是在学习，总是在试装，总是在接受采访。我让我丈夫独守空房，只能抱着我的衣服想念我，而我呢，忙于给那些追星的小孩子签名，那样的话，对于我丈夫是多么不公平啊！”

这时，奥黛丽才越来越清楚地看到，自己已经根本不可能放弃刚刚起步的电影事业，她与汉斯，至少是目前，已经谈不上结婚了。

男爵夫人此时仍然坚决反对女儿和汉斯的婚事，来自于母亲的压力使得奥黛丽终于放弃了争斗。在《吉吉》的芝加哥首映式上，奥黛丽对外宣布说，她与詹姆斯·汉斯的一切都结束了。而这个时候，一心想着和奥黛丽结婚的詹姆斯·汉斯还正在做着他的结婚计划呢。

在《罗马假日》拍摄完毕后，奥黛丽和汉斯有过一次谈话。后来汉斯回忆，奥黛丽是这样说的：“我的确不想在这个时候结婚，我恨我自己这样对你，我其实很爱你的家庭……”

汉斯很绅士地同意了奥黛丽的选择。他说：“这的确让我很失望，是的，但是并没有在我心里留下芥蒂和伤痕，这是一个对双方都有好处的自然的决定。”至此，这段初恋和平结束。

如果说事业是一盘精致的菜肴，抑或是名留千古的功勋，那与之抗衡的爱情便是可以计算得失的算盘罢了。

死命纠缠着一池死水似的爱情，而要牺牲一番足可吐气扬眉的事业，应该是十分不划算的，相反，拿一份成绩平平的工作，来交换一段生死相随的爱情，那也是非常愚蠢的。

虽然奥黛丽为了事业放弃了她的初恋，但是对她来说，收获的是终身辉煌的事业，可以说，她应该是没有后悔的。而生活中，我们遇到诸如此类的事，该如何掂量?

其实这是自古至今都难以解答的问题，因为不可以一竹篙打尽一船人。爱情与事业，是人的一生中密切相关的两个重要方面。爱情给人以甜蜜而美好的生活，事业给人以荣誉和财富。

爱情与事业常常难以并存，若能做到彼此兼顾，那该是人生一大幸事。

当爱已成往事，潇洒地和过去说再见

奥黛丽曾经是那么崇拜她的丈夫梅尔·费勒，她被他的才华折服，被他的温柔打动，然而，她对梅尔狂热的崇拜在时光的推进中慢慢被消耗殆尽。

很明显，奥黛丽被梅尔的才华折服，她认为梅尔的未来是前途无量，可以说，她爱上的不只是这个男人最初留给她的温柔美好，更多的是，她爱上了这个男人的未来，他的潜力。

张小娴说：“许多女人一辈子都在和男人的潜力恋爱。”

是的，奥黛丽在婚后生下儿子之后，尤其是当她的事业越来越走上巅峰，而梅尔的事业停滞不前时，婚姻上的矛盾便激发了出来。所谓的潜力并没有兑现。

如果一份感情维持起来很容易，彼此之间不需迁就、没有勉强、也没有压力，那么这份感情能够长久的机会就很大，这种感情往往平淡无奇，就像高山上的泉水流淌一般的自然。而一段感情两人之间性格差距大、社会地位悬殊的话，一方要为另一方不断地改变、付出、迁就和忍让，那么这样的维持方式过不了多久就会崩溃，最终彻底断裂。

奥黛丽纵然对婚姻还抱有幻想，希望能够继续下去，然而事实证明，维持一段婚姻不是只靠一个人的努力就行，她明白，她将彻底地失去这段感情。

她的经历让我们清楚地看到，一个女人无论她多优秀，在婚姻问题上都容易犯糊涂。但既然爱情留不住了，强求也是徒劳无功，反而让对方感到厌烦。

奥黛丽的离开也是毅然决然，但她和梅尔却仍然保持良好的朋友关系。

在奥黛丽的葬礼上，梅尔深情地送别了她。爱情虽然已经不在，但良好的情谊还留在彼此的心里。

奥黛丽曾说：“只要还有爱情，就不会出现不忠的行为。我不在乎第三者是谁。即使那种容忍婚外恋的开放婚姻也不能避免这样的情况发生。只有对于两个不相爱的人，约束才有效。”

“婚姻就是两个相爱的人决定共同生活。不管他们是否签订合约，他们之间都有出于信任和尊重而建立的神圣婚约。对我来说，结婚的唯一理由就是如此。如果不能在情感上或肉体上满足我的丈夫，或者他认为自己需要其他女人，我就不会抓住不放。我不是那种纠缠不清、让对方难堪的女人。”

“痛苦和艰难是微妙的东西。起初，它们是敌人，你不愿意面对和处理，后来，它们就成了你的朋友，经常光顾。”

生活中遇到失败的爱情，我们也应该彻底放手。因为，人与人之间的感情是非常脆弱的，而情人与情人之间，则更需要断裂得无比彻底才能够释放彼此。

勇敢地和过去说再见，才能遇见下一个幸福，不要犹豫不决，做爱情的奴隶，不如做爱情的主人。

失去也许是痛苦，但想通了就是幸福。

认清爱中彼此的位置

生活是一面真实的镜子，然而太多的人只愿意将美丽和优雅的一面来展现，不愿将真实的另一面公之于众，因为另一面可能并不是很美好。所以大多数男人在真正进入婚姻之前都只看到美艳的娇花，忽略掉了她的另一面。

但一个虚假和做作的女人只会让男人感觉到很累，甚至不堪重负，最后只好落荒而逃。

爱情中最遥远的距离是崇拜

奥黛丽·赫本是荧屏上的明星，而且是其中最闪亮的一颗。她用短暂的一生为人们留下了美好的追忆和思念，然而，纵观她的情感生活，大多是不顺的，根本没有像电影里演得那样美好。因为电影里的人历尽艰难终于在一起了，电影却结束了，而生活里的人却才刚刚开始。

奥黛丽和梅尔的婚姻一开始也是非常幸福的，他们被称为“幸福的银色夫妻”，多么温馨而甜蜜的称号。

奥黛丽成名时年仅24岁，那时候的梅尔已经36岁。奥黛丽在梅尔的带领下，接触到爵士乐与纽约的夜生活。8月，在梅尔37岁生日那天，奥黛丽送给他一只白金劳力士手表，上面刻着他们共同喜爱的作家科沃德的书名：爱上男孩。

1954年9月24日，奥黛丽演出《翁蒂娜》得到了东尼奖最佳女主角奖之后，与梅尔在瑞士结婚。

他们在瑞士美丽的卢采恩湖畔一个小教堂举行了婚礼。令人吃惊的是，奥黛丽一直都在害怕没有人会向她求婚，她觉得自己丑得没有人会愿意娶她当妻子，能够嫁给梅尔，奥黛丽快活得像小孩一样。她告诉梅尔说：“因为你，我终于可以嫁出去了。”

奥黛丽当时已经是家喻户晓的明星了，尤其是成名作《罗马假日》让她一夜之间成为全球男人心目中标准的梦中情人，然而奥黛丽自己却很自卑，她崇拜并且欣赏梅尔的才华，认为自己捡了大便宜。

她从来没有仔细地分析自己和梅尔的状况，在她眼里，梅尔是如此优秀，而她只是个小演员。

事实上，20世纪60年代，婚后不久的奥黛丽，事业已臻巅峰，身价一度暴涨，甚至成为当时好莱坞片酬最高的女演员。她主演的许多电影，都取得了票房和口碑的双料成功，被誉为是“票房保障”，有她参演的电影，几乎都非常卖座。她曾扮演过修女、同性恋、盲女，甚至妓女等差异巨大的角色，每一次都是对自己演技的挑战，好在观众也非常乐于接受她扮演的任何角色。

1963年时，她已成为全球最成功的女演员之一。尤其是主演《窈窕淑女》时，她的片酬已高达100万美金。在1967年演完丈夫梅尔·费勒导演的《等到天黑》后，奥黛丽突然宣布息影。她的决定一时间成了娱乐圈的大头条，全世界的影迷都为之震惊和惋惜，但她说她要去追寻一个更为重要的角色：妻子与母亲。

她离开好莱坞之后，便回到她在瑞士精心布置的居所，并把她的农庄命名为“和平之邸”。

可就在这个时候，她的家庭却出了问题。梅尔被媒体曝出丑闻，婚内出轨。

可以肯定的是，奥黛丽的事业掩盖了丈夫梅尔的锋芒。对于梅尔这样野心勃勃、有天赋的男人，被称为是“奥黛丽·赫本的先生”，也就是常说的“软饭男”，这让梅尔这个大男人的自尊受到了极大的伤害，他下定决心与奥黛丽离婚。或许，媒体的爆料只是掩盖梅尔自信不足的一个谎言。

奥黛丽曾试图以他们的儿子肖恩作为婚姻的筹码来挽回他们的感情，因为她不愿自己童年时父母离异的悲惨厄运再次降临在自己孩子的身上，所以她想尽办法来挽救这场婚姻，但最终仍旧是徒劳无功。1967年，他们的夫妻关系正式宣告结束。在这段婚姻里，奥黛丽付出了流产四次的惨痛代价。

纵观这段婚姻，从始至终，奥黛丽对梅尔的态度都是温和体贴，她的温柔来源于她对他的爱，对他的依赖和对他的崇拜。

前面我们有说到，崇拜是距离理解最遥远的距离，同时也是距离爱最遥远的距离。

如果一段爱情最开始不是以爱为名，而是掺杂了太多其他因素，比如奥黛丽，她被梅尔的书香家世、超群才情以及英俊外表所吸引，当最终进入真实的生活，彼此袒露出最原始的样貌和心态之后，理解和爱都不存在了，只剩叹息。

确切地说，梅尔·费勒对奥黛丽的爱，或许也并不是单纯的，他爱她的美貌、她的单纯、她辉煌的未来，所以他的爱不够纯粹，以至于只是被称为“奥黛丽·赫本的先生”，他便恼羞成怒。

在爱情中，我们一定要在最开始就表现出自己的立场，不要去在意无关紧要的外部条件，无论是长相还是家世，抑或是所谓才华横溢，这些都不是爱的先决条件，因为没有了爱，这些全都是泡影。

放弃事业换来的爱情靠谱吗

真心才能换真爱。奥黛丽非常明白这一点。

她与梅尔·费勒的婚姻失败，她始终认为是自己的事业阻碍了家庭的美满。在她心里，如果一定要事业家庭二选一的话，她会毫不犹豫地选择家庭。所以在遇到安德烈·多蒂之后，她毅然决然地宣布息影，留给整个娱乐圈一片哗然。

那是1968年，她在希腊旅游的船上邂逅了多蒂，这位幽默风趣的30岁单身汉，过去在罗马丰富的社交晚宴活动中相当活跃，他专挑社交名流交往，现在又把注意力转移到奥黛丽身上。奥黛丽与梅尔相处时一直是她付出更多的时间与精力，而多蒂却总是能让奥黛丽开怀大笑。当他们环游爱琴海时，浪漫史也轰轰烈烈地展开了。

两人在6月邂逅，到了9月时已经认真地论及婚嫁。嫁给一个比她小9岁的意大利人，是奥黛丽母亲最反对的事，无论这个人多有成就或是教养多好。但过去，她母亲也曾反对她和梅尔结婚。母亲不是唯一反对的人，因为奥黛丽的朋友中有一半的人反对他们结婚。

身为世界知名的演员，一举一动都受到万众瞩目，奥黛丽知道她绝对无法悄悄地和多蒂“在一起”。但奥黛丽和安德烈·多蒂彼此相爱，他们许诺，一定要结婚，要生小孩。

奥黛丽说她和安德烈的爱情，是突如其来的，犹如被掉落的砖块打到头的滋味。

很快，在与梅尔正式离婚六个礼拜之后，1969年1月18日，奥黛丽和安德烈在摩吉斯附近的市民大厅举办结婚典礼。

婚礼之后，奥黛丽打电话给远在巴黎的友人说：“我又恋爱了，我现在很快乐。”她感叹说，“我不相信爱情又降临在我身上。我几乎已经放弃了。”

在罗马，新婚的奥黛丽开始学习做一位医生太太，就像当年她为比利·怀尔德背台词一样专注。剧本不断地寄到她家，几乎塞满了信箱。奥黛丽全都拒绝了，她一心只想做个平凡的家庭主妇。奥黛丽决心竭尽所能地经营这段婚姻，因为自己的事业是她上一段婚姻破裂的起因，所以这一次她要退出影坛，把精力全放在家庭上。

成为意大利平民之后，奥黛丽摘下了一尘不染的白色手套，脱下了纪梵希为她设计的精致套装，她要做一个完完整整的多蒂太太，而不是影星奥黛丽·赫本。她穿着舒适而简洁的白衬衣与牛仔裤，自由游走在城市的街道里，也没有人会注意到她，这让她觉得轻松又惬意。成为多蒂太太的每一天，她都觉得快乐。她说："我没有助理，也不需要养狗，我不办舞会，也不办正式晚宴了。"

奥黛丽每天很早起床，给安德烈做早餐，甚至陪他一起走到医院上班，她还帮他为病人量体温，加班时陪他在医院吃晚餐。这样平凡而简单的日子一直到4个月之后，奥黛丽和安德烈非常高兴地发现，奥黛丽怀孕了。

为了能在多次流产后保住胎儿，奥黛丽听从了索菲亚·罗兰的建议，在秋季返回了瑞士的"和平之邸"，一直待到孩子出生为止。

安德烈会在周末从罗马飞去瑞士探望奥黛丽。安排就绪之后，他回去工作，同时恢复了他单身时代的热闹社交生活。媒体找到新的话题——他们拍到了安德烈跟一大堆女演员与伯爵夫人彻夜厮混的照片，整个罗马都知道安德烈流连忘返于夜总会和脱衣舞厅。

尽管奥黛丽知道安德烈的社交活动，但她最重要的任务是保住孩子。1970年2月8日，奥黛丽生下了儿子卢卡·多蒂，他们的婚姻也暂时恢复了平静和安宁，奥黛丽之后很快便回到了罗马的住处。

最不幸的是，即使奥黛丽拥有了全世界最美丽的华服和容貌，却无法挽回她第二段婚姻的颓势。和她结婚7年的丈夫还是像单身汉一样流连花丛，夜夜笙歌，这让她非常尴尬。

当儿子卢卡出生之后，多蒂偶尔会表现得比较好，但是多蒂经年累月出席的宴会是媒体最喜欢追踪的新闻，对于奥黛丽的自尊更是沉重的打击。她为了孩子们全力要保住这段婚姻，但是对于缓和婚姻的恶化却无能为力，她的压力也越来越大。丈夫外遇是一件令她痛苦的事，天天都看到报纸头版报道这些绯闻更让她不堪忍受。终于，有一天早上，她生气地对安德烈·多蒂说，她已经忍无可忍了。

奥黛丽现在是带着两个孩子的成熟妇人，在意大利的日子里，经过了尝试与错误，奥黛丽学会了如何让自己活得快乐。她深刻地体会到，要想走出自己的路，就必须要有梦想以及尝试错误的勇气。

她的这一段婚姻，充满了艰涩的尝试，虽然已经有了心爱的儿子，却也就此画下了句点。

奥黛丽曾说："我终于得到幸福了。我不再拍电影了，今后我要专心演好妻子和母亲的角色。"然而她这样朴素的梦想，竟还是被爱人如此轻易地击碎了。

事业是女人的命脉，和爱情一样。奥黛丽以为是事业阻止了她和梅尔的婚姻，于是息影7年以维持第二段婚姻，只是她这时才发现，丈夫什么都没变，她却失去了一个女演员最辉煌的演绎生命。

爱情和事业并不是非要放弃一个才能获得另一个的单项选择题，人生是复杂的，这道题也是多选的。奥黛丽用7年的时间证明了一件事，那就是牺牲事业和守住爱情并没有直接的关系，有时候牺牲事业，换来的只能是两败俱伤。

真爱的价值观

奥黛丽两段不幸的婚姻，几乎让她将感情生活彻底封闭，她变得不再轻易敞开心扉，变得非常内向。

冥冥之中，或许是运气吧，奥黛丽在1980年冬天遇到了罗伯特·沃德斯，这个后来被她称为"灵魂伴侣"的男人。

奥黛丽与罗伯特的爱情一直持续到她离开人世。

如果说，梅尔与多蒂带给奥黛丽的是伤害，那么罗伯特带给她的就是温暖的慰藉。

也许，直到最后，奥黛丽才深深明白了一个道理，那就是爱情不是看对方的社会地位有多高，看对方是否温柔体贴，真正长久而和谐的爱情，是拥有相同高度的价值观。

真爱的价值观，是用真心去发现，用真心去对待，不考虑也不留意那些除了爱以外的其他条件。

他们最初相遇的时候，就是彼此敞开心扉，将内心真实的想法诉诸对方，对待爱情相同的价值观使得两人能够迅速走在一起，并成为彼此心中的唯一。

爱一个人是包容他的缺点，彼此永远朝着同一个方向展望，像奥黛丽与罗伯特那样，不在乎一纸婚约，彼此的存在只为温暖另一个心灵，这是爱情的最高境界。

处于不同文化背景下的人对于爱情有不同的理解。爱恋双方是否幸福，并不取决于他们之间具有哪种爱情，而是取决于他们对爱情的理解是否一致。

“问世间情为何物，直教人生死相许。”爱情是奇怪的东西，我们只有认清爱中彼此的位置，才能真正体会到爱的美和爱的甜。

真爱是一种对于我们所敬佩、相信与喜欢的人的一种欣喜而快乐的感觉。那是一种根植于心底的情感。当我们爱一个人时，我们会全然地欣赏与包容那个人，知道我们所认为的“缝隙”是对方独一无二与特别的地方。如果我们不能接受他之所以为他时，我们无法真正的爱对方。

真爱的价值观，是要求我们彼此宽容，相互尊敬，爱情才能长久，细水才能长流。

友达以上，恋人未满

友情，是一种很美妙的东西。只有拥有真正朋友的人，才能感受到它的美好之处。

真正的友情不依靠事业、祸福和身份，不依靠经历、地位和处境。它在本质上拒绝功利，拒绝归属，拒绝契约。

友情是独立人格之间的互相呼应和确认，它使人们独而不孤，互相解读自己存在的意义。因此，所谓朋友，是使对方活得更加温暖、更加自在的那些人。

真正的友情，比爱情更加刻骨铭心

对于大多数人来说，爱上奥黛丽·赫本，是从《罗马假日》中的安妮公主开始。

奥黛丽不仅是一个电影明星，更是时尚的缔造者。她的着装影响了整整一个时期的审美趣味。银幕上下，她的举手投足总能折射出令人叹服的优雅与美感。她朴素简洁的穿衣观至今仍是时尚的主流，平底鞋、三分袖、紧束腰身、立领套头毛衫、夸张黑色太阳镜……这些都曾是时代的焦点。

清纯优雅的奥黛丽不知是世间多少男子的梦中天使，而休伯特·德·纪梵希就是她“背后”的那个男人，是她40余年的形象设计师。她演绎的优雅与俏皮至今仍被人顶礼膜拜，这都要归功于纪梵希。

如果没有纪梵希，奥黛丽的高雅和成熟是否依然如故？是奥黛丽创造了纪梵希，还是纪梵希成就了奥黛丽？也许这根本就不重要，重要的是，他们共同创造了一个世纪的美丽神话。

两人的缘分开始于1953年，纪梵希后来回忆：“别人告诉我赫本小姐将要来为她的下一部电影《萨布丽娜》挑选服装，我以为是凯瑟琳·赫本，由于我十分欣赏凯瑟琳·赫本，而能为她工作真是太神奇了。但是当我打开了工作室的门，发现站在我面前的是一个穿着威尼斯船夫外套的小女孩，脸上带着顽皮的笑容。原来不是凯瑟琳·赫本。”纪梵希带着一肚子的惊讶，忍不住笑了起来。纪梵希一直记得那一瞬间产生的化学反应，从那时开始，纪梵希就一直用头脑而不是眼睛为奥黛丽设计服装。

通过《萨布丽娜》，赫本以全新的形象登场，成为媒体和大众追捧与崇拜的偶像，她的名字开始与“时尚”二字画上了等号，她也成为纪梵希高雅女装的典型形象。纪梵希与奥黛丽的友谊和合作关系持续发展，设计师发现了他的缪斯女神，而女演员则发现了她的皮格马里翁。

自此，奥黛丽和纪梵希之间的友谊与艺术上的合作持续了终生，他们也是时装界里最重要的搭档。事实上，纪梵希与奥黛丽的亲密关系一直不曾改变，他们的友情比起她和任何一任的丈夫都来得长久。纪梵希为奥黛丽设计戏服，甚至还包括第二次结婚的婚服，儿子受洗时她所穿的礼服，受洗袍等。

1957年，休伯特·德·纪梵希为奥黛丽·赫本度身研制了一种名为“禁忌”的香水，关于香水的名字，有一种说法是这款香水在调制的过程中在实验室的试管上一直贴有“禁止触碰”的标签，后来就干脆以此为香水命名。“禁忌”也是奥黛丽一生唯一使用的香水。

有人说纪梵希的设计，可从奥黛丽身上反映出来。正因如此，纪梵希香水几乎就是奥黛丽本人的化身——经典、优雅、高贵、简洁、女性化。

晚年当奥黛丽确诊癌症无法医治而不能坐普通飞机时，是纪梵希安排人用私人飞机送她回瑞士的家。当奥黛丽登上纪梵希安排的飞机时，机舱里摆满了盛开的鲜花。一直情绪低落的奥黛丽看到这一幕，激动得几乎说不出话来，她握住纪梵希的手，眼睛里满是喜悦和感动的泪花。

奥黛丽去世，为她抬灵柩的除了梅尔·费勒、安德烈·多蒂和罗伯特·沃德斯，另一个便是休伯特·德·纪梵希。那三个人是她的亲密爱人，他们的爱先后陪伴了奥黛丽的一部分生活，而纪梵希的友情则陪伴了她一生。在奥黛丽的生命中，这份友情既与那几份爱情有着同等重要的分量，又和那爱情有着不同的质感。因为在纪梵希给予她的友情中，没有伤害，有的只是成长和丰盈，这是比爱情更珍贵，比亲情更纯粹的爱。

晚年时期的纪梵希与奥黛丽常常并肩走在塞纳湖畔，互诉衷肠。

一个儒雅英俊的男人和一个芳华绝代的佳人，他们的关系用什么方式可以维持40年，却还能保持最初的那份欣赏？那便是友情，比婚姻更长久的爱是友情！

奥黛丽曾经坦言：“有一些人是我深深爱过的，他是我所认识的人里面最正直的一个。”多年之后，纪梵希也感慨道：“在每一场发表会上，我的心，我的笔，我的设计都是跟着奥黛丽走。奥黛丽虽已去世，但我仍然感受到她与我同在。”

这种浓烈而纯净的友谊，为人津津乐道。然而，只有奥黛丽和纪梵希自己明白，无论多少次的失败和挫折，只有朋友是在背后鼓励和支持的，那是真正的友谊，比爱情更珍贵，更值得珍惜。

守住友情的底线

人生常常会面对友情和爱情的抉择，尤其是结婚之后，很多人常常会将友情遗弃在记忆的角落里，因为友情，尤其是异性之间的友情常常成为幸福婚姻的绊脚石。

奥黛丽和纪梵希的友情从第一次见面一直维持了将近半个世纪，直到奥黛丽离世，纪梵希都常常会怀念她。

在奥黛丽重病临终前，纪梵希在电话里对她说道：“你是我的全部。”多么感人的话，真是闻者动容。也有很多人因为纪梵希终身未娶，未能和奥黛丽走在一起而遗憾。

她是如此重视与纪梵希的友谊，或者说，她对他比友情要多一些。纪梵希也曾公开表示过，奥黛丽是上帝送给他的礼物。两人彼此惺惺相惜，从最初对服装相近的理解到生活中的重要伙伴，可以说，这段友谊贯穿了彼此的一生。

奥黛丽在戏中的几乎所有服装都出自纪梵希之手，那绝对不是流水线下的高级成衣，而是最经典的高级定制。

我们可以做一个大胆的提问，奥黛丽与纪梵希完全可以做恋人的，但为什么彼此却宁愿守着这份美丽的友情，只将它深深藏在心底?

那是因为，友情一旦遭到破坏，那可是比失去爱情更令人痛心疾首的事。聪明的奥黛丽，她早就想到了，所以她一直努力地守着这份情感的底线。

生命中总有许多无奈，亲情、爱情、友情，正是存有如此多的情感，才会有世间的悲欢离合，正是有如此多的情感，世间才会如此的缤纷多彩。然而，这所有的情感中，只有友情是如此的纯粹而透明，不为名利不为钱财，只是默默地支持和守望着彼此，便就足够，这也是友情的最高境界。

奥黛丽和纪梵希的友情正是如此纯粹的令人动容。他们都守着彼此对友情的底线，从不跨越多一步。

也有人会说，如果他们当初在一起，也许奥黛丽就不用经历那两段悲伤的爱情经历。事实上，如果真是这样，那么他们之间纯粹而美丽的友情也会破碎，而爱情也不一定有好的结局，甚至不会出现奥黛丽穿着风靡全球的“小黑裙”的场景了。也许，他们之间到最后什么都不剩，友情、爱情都成空。

友情，这是最长久的一种感情，存在心底永远不会破灭。就像两条平行线，永远不会有交点，但却彼此守望。如果将友情变成了两条相交线，那么，交点过后，只会越走越远，直到永不相见。这是可悲的，也是我们不愿看到的结局。

所以，请一定要守住友情的底线。

友情是纯净的水，爱情是浓烈的酒

人世间最真挚的感情是亲情，最单纯的感情是爱情，最宽广的感情是友情。亲情最无私，付出不需要回报；爱情最自私，只能独占不能分享；友情最豪气，两肋插刀义薄云天。

不管红尘世俗如何变迁，不管我们的生活方式如何改变，更不管藏在我们心中的信仰如何变化，友情永远如清水一般，它存在于生命的各个角落，不可或缺。因为水是组成生命的基础元素。爱情则如同烈酒一般，让人忍不住想抿一口，它带给我们快乐，带给我们希望。

爱情，被渲染了太多的色彩，缤纷而鲜艳。友情却是淡淡的纯色。

奥黛丽与纪梵希的友谊是世人眼中最美的故事，可这中间必然也经历了太多的坎坷，一段友谊的维护和持续不是只依靠岁月的推移便可以达到，而是两人之间抛却了所有五味杂陈的多余情感而沉淀出来的美丽记忆。

奥黛丽的爱情观，就是直白的简单，她遵从的不是朋友们眼中的值不值得，而是自己喜不喜欢，所以她受到了两次伤害。因为，如同烈酒一般的爱情是需要更高层次心灵交接和彼此依靠才能维系，奥黛丽当时显然并没有顾虑到这一层。

我们的一生，会遇到许多人。人与人之间的相处，有可能是波澜不惊，有可能是惊涛骇浪。或是稍纵即逝，或是刻骨铭心。此中的喜与悲、因与果、得与失贯穿着人的一生，在有意无意之间，决定着人生的成功或是失败，辉煌或是暗淡。

从某种意义来说，心灵相通的知己是真正的朋友，他们可以让我们认识社会、辨别善恶，让我们了解自己，感悟人生。

友情是纯净的水，爱情是浓烈的酒。所以，人生可以没有爱情，却不能没有友情。

寂寞，是对心灵的净化

寂寞是一场心灵的解脱。

有些人害怕承受失去关注的失落，宁愿在不快乐的婚姻生活里旷日持久地悲伤也不愿独自一个人面对生活的孤单。

其实，人生匆匆几十载，如果爱不存在了，孤单或许是最好的选择。

爱情本身是一道困难的题目，而寂寞是遇到真爱之前的心灵修行。如果奥黛丽没有和梅尔离婚，没有和多蒂离婚，又如何能遇到她“灵魂上的双胞胎”罗伯特呢？

一个人的寂寞，也很精彩

奥黛丽与梅尔的儿子肖恩出生后，两人曾经历过一段愉快的生活，然而，这段快乐却并没有持续多长时间，他们很快便进入了婚姻的黑暗时期。为了儿子能拥有一个完整的家，奥黛丽曾经尝试挽回这段感情，但是再多努力也是徒劳无果。奥黛丽与梅尔多年的夫妻关系，在1967年，还是以离婚告终。

其实，在婚姻触礁的那段时期，奥黛丽出演的电影中有不少都反映出她个人生活所面临的成长与改变。在出演斯坦利·唐南导演的《俪人行》时，正值她和梅尔分居阶段，奥黛丽与艾伯特·芬尼饰演一对结婚很久的夫妻，片中描述了现代夫妻关系的起起伏伏、紧张与相爱的种种桥段。许多影评和影迷认为，这是奥黛丽从影以来最“真实”的一次演出，是最贴近她本人生活态度的一部影片。这部电影1967年7月27日首映，同年9月1日，38岁的赫本与50岁的梅尔·费勒正式对外宣布离婚。

14年的婚姻生活画上了休止符，奥黛丽身心疲惫不堪，体重也掉到只剩42公斤。

尽管奥黛丽和梅尔离婚的决定令她十分痛苦，但在她下定决心之后，她便用全新的热情去过新的生活。

奥黛丽离开梅尔之后，她所做的第一件事就是剪掉她的长发。亚历山大在蒙特街三号美容沙龙里帮她操刀。奥黛丽试戴了好几顶假发，以决定哪一种造型更合心意。亚历山大非常明白，奥黛丽的形象就是当前时尚的风向标，全世界的女人都在看着她的改变。所以，最后，亚历山大为奥黛丽做出来一个他称之为“六六年代表作”的发型。这个名称有点奇怪，但的确是一个适合奥黛丽的新造型。这款短发看来相当简单，却将亚历山大完美的手艺展现无遗，他运用细心而精湛的技术，帮助奥黛丽完成了一次完美的转变，形成了一个全新的风貌，根据《时尚》杂志的说法，这个发型是“神采奕奕的短发造型”。

尽管奥黛丽剪了很好看的发型，但离婚后落寞的心情仍然难以改变。尤其是当8岁的肖恩到托洛肯纳兹的寄宿学校就读后，奥黛丽一个人待在瑞士的家便显得无精打采。

奥黛丽与梅尔黯然分手后，她便回到了曾经令她一举成功的地方——罗马，去默默医治自己感情的创伤。

意大利让奥黛丽的心情变得好起来。她觉得在那里，自己非常的自由自在，不受拘束。那里的人们既热情又乐于助人，脾气来得快，去得也快。奥黛丽认为该是改变自己的时候了，她希望自己的生活和视野都能更加开阔。

她要从生活的这份寂寞中逃脱出来，只有一个办法，那就是让生活拥有全新的意义。

之后，她接拍了几部电影，并且和她的第二任丈夫安德烈·多蒂邂逅了。六周之后，奥黛丽穿着纪梵希为她设计的粉红色针织连衣裙和多蒂进入了婚姻的殿堂。

但11年的坚持之后，奥黛丽与多蒂的童话婚姻也破碎了。

奥黛丽在回忆这段婚姻时，她常常叹息，甚至后悔，不仅浪费了多年的珍贵光阴，更是因为这段爱情甚至没有她结婚前一个人生活的时候精彩。

一个人的寂寞，我们依照自己的意愿，可以将它过得快乐而充实，而两个人的不快乐造成的结局悲伤也是双倍的。

所以，一个人的时候，和寂寞相伴，不失为一种精彩。

独立的女人，才能拥有完美的爱情

在感情中女人永远都是容易受伤害的那一个。这其中最大的原因就是因为女人把爱情当成了生命中最重要的一部分，甚至于是全部。很多女人，除了爱情以外，觉得自己一无所有。爱情一旦崩塌，她便真的什么都没有了。为了能留住这个唯一，她便一再妥协一再忍让。在渴望避免伤害中再次被伤害。

奥黛丽便是这其中一员。

1981年，奥黛丽黯然结束了她的第二次婚姻。这时候她才清醒地意识到，原来炽热的爱情不过是镜花水月，女人还是要完全独立才能在家庭中拥有一席之地。

之后多年，奥黛丽一直单身，并且很享受这个状态，她偶尔和好朋友纪梵希去塞纳河畔谈谈生活，分享快乐。虽然是因为两次失败的婚姻导致她不敢再随意敞开心扉，但更多的是她对生活有了新的感悟和追求。

奥黛丽将主要心思都放在孩子身上，她在瑞士的“和平之邸”种花种草，每日悠然自得。这样看似寂寞的生活实际上对她来说，是最安静最怡然自得的生活，因为不用再担心媒体八卦，不用担心丈夫出轨，耳根清净，自然而简单。这样的生活是她希望的，也是她喜欢的。

之后奥黛丽和罗伯特的相遇，才让她清楚地明白了爱情的真正含义。他们不在乎一纸婚约的保障，而是用心去生活，每一天像初恋那般去对待彼此，更多的是对彼此之间距离的审视多了一份自我独立。如此的心境造就了她和罗伯特始终如一的爱情。

奥黛丽正是及时明白了这一层道理，她才能在晚年过着自由快乐，安静而祥和的生活。

女人的幸福只在女人自己手上，要过自己梦想中的生活，就要先学会独立。

未来的生活靠现在一步步地规划，不能为感情牺牲自己的快乐，更不能因为感情牺牲自己的事业。

奥黛丽为了和多蒂的婚姻，息影7年，却换来了背叛和心碎。女人要学会独立，不要为了感情而忘记自己。

自立是女人自信的重要元素之一。没有独立的经济来源，没有独立的情感世界，没有让自己安身立命的本事，女人迟早会成为怨妇中的一员。不能独立自主的女人，注定不能把握自己的命运。

独立的女人，是有品位的女人，懂得爱情的真谛，懂得在一次失败后总结经验。独立的女人不会因为失去而懊恼，随时准备迎接爱的光临，永远相信自己，相信生活。

因为，只有真正的独立，女人才能拥有完美的爱情。

请允许自己偶尔寂寞

很多人不喜欢寂寞孤独，认为那是一种孤单的悲哀。其实在寂寞中，往往才能体会到一种别致的心境，甚至是意料之外的收获。

有时候沉浸在寂寞中是一种乐趣，无以言表的乐趣。

纵观奥黛丽的一生，她优秀的作品几乎都是出自单身的时候。可以说，偶尔的寂寞对事业来说，也是一种促进，至少不会掺杂太多的个人情绪在里面。

人的一生，寂寞的光阴是很短暂的，一旦走进婚姻里，寂寞的可能性就变得很小，因为总有一个人会和你分担，无论是痛苦还是快乐。

湛蓝的天空，就像透明的海，偶尔也想尝尝独自寂寞的滋味。

偶尔寂寞的时候，泡上一壶龙井，在氤氲的茶雾中细细地品味着自己的人生，任自己心底那份淡淡的思念四处蔓延。沉醉在这份孤独的回忆里，不再为生活的油盐酱醋而烦恼，也不再为工作中的尔虞我诈而苦闷，让自己在孤独中静静享受这份宁静。

奥黛丽小时候父亲便离开家，母亲整日抱怨，把这些怨气都撒在年纪幼小的奥黛丽身上。何止是母亲男爵夫人会抱怨，奥黛丽也会，原本快乐的家庭变得冷冷清清，任谁都会感到寂寞。

寂寞的她会想要拥有一个热闹的、有爱的家庭。所以她在遇到梅尔时，不顾母亲的反对，和他结了婚，并生下了长子肖恩。

婚后，她不寂寞，她觉得自己的愿望实现了。可是，不寂寞不代表幸福。

离婚后恢复单身的奥黛丽，在拍摄完《蒂凡尼的早餐》后，曾对媒体说过这样一段话："我不后悔自己的一些决定，我甚至感谢那些生命中出现的人，但是现在，我享受这样的生活，有些寂寞，但，有我喜欢的自由。"

她将寂寞的生活理解为自由。

很多人害怕孤独，不愿孤独的原因在于他们总是在孤独中去伤感，总是去想那些曾经的遗憾，而这些伤感的记忆会在孤独中蔓延至整个心底，接踵而至的就是为自己的悲哀而悲哀。其实，我们完全可以换个角度去思考，在孤独中，我们能寻找到最本真的自己，可以感受到最初的信仰，那些曾经的悲欢离合和落寞无奈，其实已经在无形中教会了我们在今后应该如何面对生活。

如果奥黛丽不是因为两次的婚姻打击，她不会真正的回过头来审视自己的人生，正是这些生活的历练，让她明白，寂寞和孤独并不可怕，可怕的是一颗心没有真正融入另一颗心。

寂寞的心境，并非人人都能体会得到，它在于我们看待问题的角度，对待生活的态度。寂寞可以让一个人崩溃，也可以让一个人坚强，可以让一个人毁灭，也可以让一个人重生。如果不能正确的面对寂寞，我们将会渐渐在消沉中迷失自我，反之，寂寞的人生是一种自由。

所以，请允许自己偶尔寂寞。

你是独一无二的珍宝

奥黛丽·赫本与第一任丈夫梅尔·费勒离婚之后，她曾说："也许我已经不能成为他的公主，可我仍然是自己的公主。"

是的，每个女孩都渴望成为爱人眼里的"公主"。可一旦爱情离去了，很多"公主"便成了落难的弃妇，怨天尤人。

其实，远不必如此，就像奥黛丽说的，你可以是自己的"公主"。

失败的婚姻，并不可怕

很多人宁愿守着濒临破碎的婚姻，只为了能够组成一个健全的家庭，殊不知，这样摇摇晃晃的家庭早晚有崩塌的一天。

只因为女人都希望孩子有双亲的陪伴不会孤单，只为了自己曾经许下的所谓一生一世的诺言，抑或是其他更多不为人知的理由。

但婚姻真正崩塌的那天，女人才会明白，一直以来的死守根本没有用处，反而加重了男人想要逃离的决心。

奥黛丽和梅尔的婚姻持续了将近14年，在这十几年中，有无数次被媒体曝出梅尔出入夜店的丑闻，但奥黛丽不闻不问，她选择相信丈夫。实际上，她已经察觉到婚姻中的不安分因素，但仍然佯装无事，她想用自己的大度和信任换回丈夫的忠心。

如果你以为女人只是靠美貌和智慧就可以赢回男人的心，那就错了。因为这世界上最难改变的东西就是人心。男人一旦想要离开，之后只会越走越远，不会再回到原点的。

果然，梅尔最终还是毅然决然地离开了奥黛丽和他们的儿子肖恩。

奥黛丽曾经因此黯然神伤了很久，她曾对格里高利·派克说：“我一直尝试，极力想保住我们的婚姻，但太难、太难了。干我们这一行，因为表演的需要，有时就不免假戏真做。在这个圈子里，婚姻真难维持啊！请你相信，我是把婚姻、家庭生活放在第一位，而把事业放在第二位的。”

洒脱清透要强如她，在幼年父亲离去和战争苦难中都没有向人诉说过一个“苦”字，但婚姻的失败和家庭的破碎让她再也无法承受这巨大的悲伤，如果不找一个人诉说，只怕她会被这份悲伤的情绪压的崩溃。

不过奥黛丽终究是那个让人顶礼膜拜的奥黛丽，她很快从家庭破裂的悲伤中走了出来，并大度地与伤害过她的男人做朋友。

也许最初，她只是想维护她的家庭，让孩子不去承担她幼年时期同样的痛苦遭遇。父母离异对孩子的伤害是最大的，所以她尽全力维护这份感情，但最后才发现，原来只靠一个人的力量是不够的，爱情是两个人的事，只要一个人放手了，就根本无法继续坚持。

其实，失去了婚姻并不是特别可怕的事情，它只是表示两人之间的感情丢失了，这是两个人之间的事，并不必在乎太多外界的人怎么看，又会怎么说。

婚姻的失败并不等于人生的失败，关键是要有勇气走出困顿而失落的情绪漩涡。首先，我们绝不能因为一次情感伤害而放弃自己的心，认为自己的人生从此进入了失败的境地。其次，我们要用积极乐观的眼睛看待这个世界、看待爱情。依然用真心去相信爱的存在，明天太阳还会照常升起，切不能自怨自艾。

只要能够从失败的悲伤中走出来，然后迅速投入新的生活中，那么，一切都将会过去，那段不愿提起的过往也会很快成为流年里的浅浅回忆而已。

不要遗忘“爱”真正的面目

生活中，总有太多爱在等待，所以不要怀疑人生，更不要怀疑爱情。

众所周知，奥黛丽的两任丈夫都没能让她的情感安定下来，他们带给她的只是爱情上的创伤和悲痛，对她来说，或许已经是不愿提起的悲伤回忆。但这一切都在遇到她的灵魂伴侣罗伯特之后发生了天翻地覆的改变。

罗伯特绝对当得起“灵魂伴侣”这个称号。

他们是在好友家里的书房相识的，那里有着温暖的壁炉、舒适的沙发和整齐排放的相簿。罗伯特承认这间书房是他这一生中非常重要的地方，他与奥黛丽的相遇，仿佛是前生注定。他们是伤心人遇见断肠人，当时罗伯特处在失去妻子的悲痛之中，奥黛丽则对她和多蒂11年的婚姻大失所望，正着手办理离婚手续。奥黛丽倾听、分担着罗伯特的思妻悲情。在晚餐后，他们两人第一次坐下来谈心。

“和平之邸”是奥黛丽休养生息的避风港，她在这里得到的是安宁。这栋房子位于瑞士托洛肯纳兹，是奥黛丽1965年购买的一栋相当朴素的18世纪农庄，有果园，还有蔬菜花圃，周围围绕着一片青青草地。

在这里，奥黛丽可以放松心情，无拘无束，任何人都打扰不到她，这是她心灵休憩的地方。奥黛丽深爱着这里以及在这里度过的所有日子。远离了舞台的纷杂与好莱坞喧扰的演艺事业，这里是奥黛丽可以安身立命的好地方。

瑞士治愈了所有凡尘纷扰带来的伤害，她很感激有个地方可以让她关起门来，不理会外界的嘈杂。在这里，她爱的事物不多，房子、花园、小狗、随时回来的孩子们，以及与她长相厮守的罗伯特·沃德斯。奥黛丽的“和平之邸”有一些伟大的资产，却是金钱买不到的——空旷、阳光与心灵的平静。奥黛丽是为了自己的心灵能有个居所，而不是彰显她世界巨星的形象，因为“和平之邸”最大的特色，就是安静与祥和。

1980年底，罗伯特搬进“和平之邸”与奥黛丽同住。她之前的两段婚姻都是灾难，即使对她的丈夫来说不是灾难，对她却毫无疑问是一场艰辛的磨难。罗伯特与奥黛丽之间没有所谓结不结婚的问题。就像罗伯特说的，结婚不过是把她抓回电椅，让她再坐上去。只要两人真心相爱，他就绝不允许这样的事情发生，他不会让她再去思考结婚的事情。

奥黛丽的母亲男爵夫人很喜欢罗伯特，对他欣赏之至，包括人品和性格等各个方面。罗伯特也是男爵夫人唯一一个看上的男士，她坚信这个男人能带给女儿真正的爱情和幸福。

事实证明，母亲的眼光是独到的，也是敏锐的，罗伯特对奥黛丽犹如捧着一个晶莹剔透的水晶，总是小心呵护着，直到陪着她安静地离开了人世。

回望奥黛丽的两段婚姻和最后这段恋爱，我们可以看出，真正的爱是不计回报的，是不要求不强求的。只是每日能够陪伴在侧，这就是幸福。

罗伯特的出现给了奥黛丽一个完美而温暖的晚年生活，她没有留下遗憾。

每个女人都应该明白一件事，那就是爱的本真，只有一切以爱为出发点才能真正做到相濡以沫，相守一生，否则其他再多的外部条件到头来都一无是处。

当自己的公主

无论旁人怎么说，无论男人怎么对待你，请记住，你是自己的公主。

没有得到男人的爱情，只有一个原因，你们不合适，并不是你不够好。对爱情的理解，一千个人就有一千个哈姆雷特，所以努力去完善自己，然后等待真正的爱情降临，切不可自暴自弃。

聪明的女人懂得自尊自爱，懂得用自己的优雅将生活过得多姿多彩，而不是依靠男人的追逐和爱慕来表现自己的优秀。

奥黛丽也只有结束了她不合适的婚姻之后，才真正明白了爱的精髓。她没有自暴自弃，也没有在媒体面前抨击自己的前任丈夫不负责任或者花心无情，她只是独自一个人去生活了一段时间，然后才从中悟到生活的意义。

她没有因为婚姻的两度失败而怀疑自己，更没有怀疑人生，反而更积极地热爱生活了。遇到罗伯特之后，她将视野放诸全球需要爱和关心的儿童，将爱心洒向了世界各地，也拓宽了她生命的长度和宽度，令人敬仰和崇拜。

也许我们一时间难以理解幸福的真理，那就努力尝试让自己变得优秀起来，让时间这一剂良药来治愈所有的不安和彷徨。

是奥黛丽的故事让我们看到，一个女人对待爱情的态度决定了她所拥有的生活姿态。

如果你把自己的魅力展示出来，当自己的公主，那么你的另一半就是温柔的王子或者贴心的绅士。如果你的生活中充斥着大量的抱怨和忧郁，那么你的另一半可能就会逃离，同时还要注意用睿智的眼睛看清另一半是不是真正适合共度一生。如果本身是不适合的人，即使勉强在一起了，也免不了要以离婚收场。所以，努力让自己变成一块人见人爱的美玉吧，只有美玉才会让人捧在掌心里，细心呵护。

我们要做优雅的女人，做让自己喜欢的女人。无论他人如何评说，始终铭记，自己是这世界上独一无二的珍宝，只有爱自己，才能爱别人。

PART 5

与人相交，真诚而温暖

会说话的女人最优雅

说话的艺术基本遵循这样的一个道理：急事慢慢说，小事幽默说，没把握的事谨慎说，没发生的事不要胡说，做不到的事不要乱说，伤害人的事不能说，伤心的事不要见人就说，别人的事小心说，自己的事听别人怎么说，尊长的事多听少说，夫妻的事商量着说。

奥黛丽·赫本的说话艺术很具有个人特色，她总是很认真地和每个人交谈，甚至连拒绝的话都说得委婉至极，令人不得不接受她的意见。

赞美的力量超乎想象

奥黛丽刚刚进入《罗马假日》剧组的时候，她还是个无名的演员，而她的搭档派克却已经是好莱坞极负盛名的著名演员，奥黛丽当时也是他的粉丝。

刚进剧组时，奥黛丽非常紧张和激动，她甚至都不敢和派克四目相对。派克一眼就看出了奥黛丽的心思，他走向她，面露微笑地介绍道："我是派克，非常期待跟你合作。"

一句简单的问候让奥黛丽的紧张消除了不少，她也微笑着回应他。

电影正式开拍后，奥黛丽才意识到，她的演技实在太过生涩，常常一个镜头十多次都还过不了，奥黛丽着急得都快哭了。剧组的工作人员也都有些不耐烦了，甚至导演都看不下去，想要出口骂人了。这时候派克很温柔地走上前去，安慰她道："不着急，慢慢来。"

奥黛丽得到偶像的安慰，开始慢慢静下心来思考和琢磨剧中人物的情感变化。渐渐地，她进入了状态，拍摄过程也越来越顺利。可拍摄电影结局时，奥黛丽还是碰上了大难题。那是剧中的安妮公主和记者乔告别的桥段，可扮演安妮公主的奥黛丽因为周围环境的嘈杂和热烈，怎么都演不出哭戏，最后导演忍不住骂了她，顿时她委屈得眼泪夺眶而出，这场戏才算顺利杀青。

中间还有一场公主会见来宾的桥段，奥黛丽始终难以将那种情绪惟妙惟肖地展现出来，众人都在着急，派克也多次认真地指导着她，但一个镜头仍然拍摄了好多次还是过不了。最后派克走到奥黛丽跟前，他温柔地说道："你演的太棒了，简直是真正的公主。"

奥黛丽没想到派克会如此欣赏自己，顿时热泪盈眶，她的斗志似乎被激发了出来，之后的镜头都出人意料地顺利完成了。

如果派克将赞赏的话变成教训的话，那么效果可能会适得其反，奥黛丽可能会变得自卑而痛苦，她会因为自己演不好而黯然神伤。生活中我们也常常会碰到这样的困难，认为自己做不到而懊恼。其实有时候只需要一个简单的称赞，就会收到意想不到的效果，无论是否发自内心的激励，都会激发内心潜藏的动力。

赞美是一种交际的艺术，更温暖他人的心，也能给自己带来快乐，何乐而不为呢？所以，多多去说赞美的话，像奥黛丽说的："优雅的双唇，在于说亲切友善的话。"

女人想让自己的魅力优雅而独特，那就请从赞美他人开始吧！

高雅脱俗的谈吐令人永生难忘

谈吐自如是一种风度，笑对群儒是一种境界，巧舌如簧是一种能力。女人的内涵和气质通过谈吐才能体现出来，在她开口说话的瞬间，便能让人一览无余。优雅的声音，是释放女人高雅脱俗的内在精神和修养，是一种能量，一种吸引力。就像磁场感应，达到“不见其人，只闻其声”的效果。不管是在生活中还是在各种新闻发布会、拍戏现场，奥黛丽·赫本都保持一贯的高雅气质，像是来自另一个世界的仙子。

那么，如何培养女人优雅的声音、高雅的谈吐呢?

古人说：“有理不在声高。”温柔的声音，娓娓动听，如高山流水的音乐，悦耳动听。

奥黛丽从不大声讲话或者谩骂他人，更不会歇斯底里地埋怨、咒骂。她从小在父母离异的环境下长大，虽然母亲常常抱怨父亲不负责任，并且母亲总是将气撒在年幼的奥黛丽身上，但是她没有受母亲的情绪影响，她的性格坚韧温婉，总是以微笑示人。因为她知道，抱怨什么都得不到，只能让人离得越来越远，让人不愿接近，所以她讲话总是温婉娴静，非常温柔，因为这样可以得到爱和希望。

一个美丽的女人，讲出满口粗俗的话，一定令人失望；一个既不美丽又满口脏话的女人，则会令人对其反感。优雅得体的谈吐是女人的名片，更是最重要的交际需求。奥黛丽的文雅得体是众多女性竞相模仿的典范，无论是电影里还是实际生活中，她讲话常常是温言细语，令听的人感受到的是如沐春风般的温暖。

拍摄《吉吉》时，她还是一个名不见经传的小演员，但她已经深谙交际之道。剧组在美国巡演的时候，奥黛丽面对一群自己从未谋面的热情粉丝，她也积极而热情地回应，跟大家微笑交谈，并慷慨地合影留念。

她讲话温柔而得体，令人印象深刻，行动上又不争不抢，不论是剧组人员还是粉丝都对她大加赞赏，因为她同时还拥有美丽的容貌，确实让人难以忽略她的存在。

女人说话一般不宜咄咄逼人，不要与他人唇枪舌剑，但这并不意味着女人就应该忍气吞声，放弃反驳与辩解的权利。说话有条不紊，有胆量、有理由，这样的女人才是真正的高雅脱俗，走到哪儿都会是受欢迎的。

奥黛丽在拍摄影片《甜姐儿》的过程中，因为导演斯坦利·多南的要求，奥黛丽要完成一些剧本中并没提到的桥段，其中有一段高难度的独舞，因为与导演的想法不一致，于是她据理力争，希望能改变导演的想法。她是为自己的权益而辩解，也是为一个演员的基本权利而辩解，她说得有理有据，但态度却不强硬，只是以理服人，最终，导演很礼貌地向奥黛丽致歉。她的处事态度让导演对她的品性大加赞赏，也让这部电影拍摄顺利进行。这部影片拍摄完成后，“甜姐儿”一时间几乎成了奥黛丽·赫本的代名词。她的大儿子肖恩在母亲的传记《天使在人间》一书中曾说，《甜姐儿》实际上是母亲最喜欢的一部戏。

高雅是一种艺术，女人的声音不一定好听，但一定要艺术，有些女人沙哑的声音也能制造出磁场来，令人倾倒。谈吐是女人风度、气质和优雅的表现。女人的谈吐除了讲话的内容外，讲话的姿态、表情、语速、声调等都体现出的是一种艺术。优雅女人知道该说的话说，不该说的话不说。

能够做到以上几点的便是女人中的精品了，也许我们很难做到，但要努力要求自己，因为一个女人的气质决定她的生活品质，生活品质决定她的人生道路。

练就一颗蕙心兰质

做女人就要像奥黛丽·赫本一样，保持一颗纯净的心，做个大方、端庄、善良的女人，做个会品味人生、举止文雅、具有蕙心兰质的魅力女人。

对于奥黛丽来说善良就是她的底线。自私自利、心狠手辣，即使再成功再漂亮，失去了善良，那她所有的一切都将黯淡失色，奥黛丽深知这一点，所以她被称为“人间的天使”。

天使是纯洁而富有爱心的，也是温柔的，因为温柔是女人最美丽的衣裳，女人穿上它会给人一种舒心、和谐、美好的感觉。穿上它和家人共同走过人生的风风雨雨，共享人生的幸福甜蜜。所以说善良的女人养心，温柔的女人养神。

一个女人要扮演很多角色：女儿、妻子、媳妇、母亲，等等。充当好这些角色时，如果没有耐心，生活就会变得很糟，会给家庭带来麻烦，造成诸多不必要的矛盾。因此耐心对一个

女人来说是非常重要的。

蕙心兰质还需要一颗热情的心，对家人热情，对朋友热情。

奥黛丽和自己的两个孩子如同朋友一般的关系令人羡慕，她的第二次婚礼，大儿子也亲临现场参与见证了母亲的幸福。

因为她对孩子热情，所以孩子回报给她的也是热情。

如今是知识丰富多彩的年代，知识直接影响人们的生活，知识不一定来自课本，它来自于人生的积累，一个知识丰富的女人，遇事会有主见、有分寸，处理问题会充分体现出聪明智慧，懂得与人分享，与家人和谐相处。

需要提醒大家的是，蕙心兰质的女人并不是看上去漂亮的女人，而是指一个人的品性纯良、善良和蔼，会给朋友带来欢笑，给家人带来幸福，这也是一个女人能够得到他人的爱和尊重的最重要条件。

女人不但要有高雅大气的外在形象，更要有纯净善良的内在魅力，一个优秀的女人不但要学习奥黛丽·赫本的金声玉韵，更应该具备奥黛丽·赫本的蕙心兰质。善待他人，做好自己的分内之事。

做一个内外兼修，做一个内外皆美的人，你的人生将焕发不一样的生机和光彩。

尊重朋友，真诚无私

一句话，一辈子，一生情，一杯酒……这便是永远的朋友。

友谊是这世间最稳当的感情，也是最真诚的爱，比起亲情的牵绊，爱情的自私，友情显得那么纯又那么真。

所以，真诚地对待朋友就能收获真心的友谊，尊重朋友，也就是尊重自己。

珍惜拥有的友情

奥黛丽·赫本能拥有纪梵希和派克两位男士一生的友情相伴，得益于她对真挚友谊的善意对待和默默守护。

不要弄丢一个对你好的人，不要漠视一份待你深的情。不是谁都能包容你的脾气，更不是谁都能一直等下去。

没有什么比时间更值钱，也没有什么比感情更珍贵。

朋友之间的感情是这世界上最纯洁最真挚的感情。真正的朋友交的是心，善待朋友，珍惜拥有，你的人生会顺利很多，也精彩很多。

友情往往从互相欣赏开始，从此不说再见。

奥黛丽拥有两位最好的朋友，纪梵希与派克，他们的故事被人们传诵至今，成为友谊的最佳典范。

纪梵希欣赏奥黛丽的清纯形象，但令他眼前一亮的更是她和他对服装的见解如此一致，趣味相投。他们迅速成为一对挚友，常常一起探讨服装的设计。最终这对挚友互相成就了彼此，真正做到了无话不谈。这是多么令人羡慕的情感，可以并肩畅谈、可以相携而行，不似爱情的占有，不似亲情的约束，这是最自由自在的情感。

纪梵希与奥黛丽在很多方面都有相同之处，他们都是完美主义者。直到最后一个细节也要尽善尽美，他们都对工作专注投入，竭尽全力。奥黛丽会为了试装，常常需要几小时纹丝不动地站立着，而相同顽强的人格特质在纪梵希身上也可以找到。

纪梵希曾说：“女人不是单纯地穿上衣服而已，她们是住在衣服里面。”他说这句话时所想到的第一个女人就是奥黛丽。他与奥黛丽的关系，已经超出了时尚与电影的牵连，设计师与明星的友谊，而是已经上升到亲人般的情感。在纪梵希的工作室里，40年中一直保留着一具作为奥黛丽试穿衣服的人体模型。这具模型没有头也没有四肢，高却平实的胸部和黑色的线条把它分割成模糊的剪裁系统，它虽有些怪异，但能却唤起人们对这位已故女演员的追忆，这也不失为一种安慰。

在长达40年的交往中，奥黛丽与纪梵希共同将“优雅”发挥到极致。“她的轮廓和她的风格是那么的强烈，她的一切都历历在目，对我而言，”纪梵希说，“她是上天赐予我的礼物，我们是亲密朋友，我们在一起工作。由于她的文雅和亲切，我们总是发现仅仅属于我们彼此之间的乐趣，就好像我们俩隐藏着某个秘密。”

不论是出于工作的需求还是生活的交集而成为朋友，一旦建立了真正的友谊，我们就会发现，彼此之间的默契是不需要通过语言去表达。朋友总会在背后默默地支持和鼓励着自己。

真正的好朋友，永不说再见，真正的感情，一生都值得相守。

那些在风雨中送伞的人，那些在寒冷中送暖的人，当你回头一看时，这些人依然还在。也许，世上最难得，也是最幸福的事，就是拥有知己两三。

珍惜拥有，感恩朋友。

真情相守，以诚感人

这个世界是人类的世界，彼此间都离不开人，所以与人交往是一门学问，如何把握好友谊的距离，让朋友成为真正的生活中的良师益友，需要用心来学习，在长期的交友中，做人要存一些素心。

朋友之间坦诚相待，不较得失，大义为重，互相鼓励，共同进步，有喜悦和成绩彼此分享，有过失与缺点坦诚相见、用心规劝，有挫折和逆境彼此激励、结伴而行。

也许，奥黛丽和派克之间的友情太过于浓烈，而招致了很多人的臆想。那枚蝴蝶胸针的故事，因为太过唯美，太过感人，被传播得沸沸扬扬，几乎到了令闻者落泪的地步。但真实情况是，奥黛丽结婚时，派克因为人在国外拍戏，根本赶不回来，但是他送上了对奥黛丽的真诚祝福，并不是用蝴蝶胸针作为礼物。

奥黛丽去世时，为她抬灵柩的是她的两任丈夫和晚年时的男友，以及她一辈子的挚友纪梵希，派克因为身体原因没能到场，所以也不存在已经年迈颤颤巍巍的派克在妻子的搀扶下去了奥黛丽的葬礼，并亲吻棺木说："你是我最爱的女人。"

在奥黛丽的两个儿子、两任丈夫以及男友罗伯特和挚友纪梵希面前，作为绅士的派克是不可能说出这番话的，也没有说这句话的必要、因为他们只是亲密的朋友关系，和纪梵希一样，没有情感谁多于谁。更不存在奥黛丽辞世多年后，白发苍苍的派克前去拍卖现场买回曾经送给奥黛丽的胸针，并在次日手握胸针安然离世，因为事实上根本就不存在这枚蝴蝶胸针。

即使是纪梵希，在奥黛丽辞世前，他说的那句"你是我的全部"也只是表达对挚友即将离去的挽留无力，以及深切哀思。

但为什么世人如此传播，并将它视为友谊的佳话。那是因为对美好友谊的期待太过奢望，真正的友谊太难得，只有通过类似于爱情的方式表达出来似乎才算是无私的，是正常的。事实上，奥黛丽与派克的友谊从《罗马假日》开始就始终如一，从未变过。

奥黛丽用真心对待朋友，派克用真诚回应朋友，这段友谊佳话从一开始就是令人神往的。

其实，我们普通人和奥黛丽一样，在朋友这件事上面，我们拥有的并不比她少，只是要学会如何真正地把握友谊的尺度。

与人相交，最基础的就是真诚相待，彼此交心，就能换来真心朋友。

“她把所有人都当朋友看待，但是很少有人能成为她真正的知己。她能与人保持距离，又不会表现出冷淡和失礼。她魅力十足，每个人都愿意接近她。”斯坦利·唐南如是评价奥黛丽·赫本。

可见，朋友与知己是有差距的，人可以有很多朋友，但可能知己只有两三个。但只要懂得了用心珍惜友谊，人生就已经足够精彩了。

奥黛丽和纪梵希与派克之间的友谊早已是知己般的存在，而不仅仅是普通的朋友。而在这之前，他们也是从朋友做起的。

人与人，心与心，真诚是最基本的，你以真心来交往，就会换来同样的真心，你以真诚来对待朋友，就会获得同样的回报，用真心换诚意。与人相处，是一门学问，我们生活在这个世上，既不能够叫别人吃亏，不可占别人的便宜，也不可被别人欺负，要记住“己所不欲，勿施于人”的情怀与“小事不计较，大事不含糊”的原则。

朋友是人生不可缺少的财富，真正的朋友不会因为长时间不联系而陌生，也不会因为计较某些东西，而失去本来牢固的友谊。友谊就是最简单的一种情怀，是最真最纯、不含任何杂质的，却是人生的必需品。

相互欣赏，相互支持

大千世界，红尘滚滚，于芸芸众生、茫茫人海中，朋友能够彼此遇到，并走到一起，彼此相互认识，相互了解，这便是缘分，也可以说是一种幸运，缘分不是时刻都会有的，应该珍惜得来不易的幸运。

朋友之间相处是一种相互认可与仰慕，欣赏与感知的过程。对方的优点、长处、亮点、美感，都会映在脑海里，哪怕是朋友一点点的鼓励，也会成为你向上的能量，成为你终身受益的动力和源泉。

若非当时派克对奥黛丽的悉心指导，她不可能演绎出如此完美的安妮公主，令世人都为之倾倒。她在获得奥斯卡最佳女演员的时候，虽然激动得不得了，但仍然不忘感谢派克，她说：“这是派克送我的礼物。”她感恩于派克的扶持和鼓励。对于派克来说，他是相当赏识奥黛丽的才情的。在《罗马假日》拍摄完毕后，上映之前派克发现海报上打着他的名字，而赫本的名字却很小，而且藏在一个角落里。他特地通知制片方把原来演员表上的“格里高利·派克主演的《罗马假日》”改成了奥黛丽·赫本的名字。他跟别人说：“这个女孩肯定会获最佳女主角的。”他对她的信心如此之肯定。

事实果然不出所料，奥黛丽·赫本的名字一夜之间为人们所熟知。

朋友就是彼此一种心灵的感应，是一种心照不宣的感悟，更是彼此之间的相互激励和支持。

我们不必羡慕奥黛丽所拥有的友谊，因为我们同样可以拥有，只要我们用心对话，以诚相待，相互欣赏，相互支持，就能拥有属于自己的真心朋友。

朋友是生命中最珍贵的财富，但金钱却买不来，因为只有真心才能够换来最可贵、最真实的东西。

风雨人生路，相互欣赏，相互支持的朋友最值得珍惜。

律己宜秋，待人宜春

“待人宜宽，律己宜严”是儒家待人之道。待人之所以要宽，为的是给他人改过自新的机会，律己之所以要严，为的是避免自己的过错。

在生活工作中，大家几乎都知道“言语不可不慎，气量不可不宏”的道理，但真正做到却很难。既然自身尚且难以做到，也就不必过分责难他人轻微的小过。

适当对自己要求严格

奥黛丽的一生宽厚无比，对人温柔和善，从来不刻意挑剔他人的问题。但在世人带着崇拜眼神看着她时，她对自己长相的评语却无比严苛。她的亲密好友，桃乐丝及耶尔布莱勒夫妇就说过：“奥黛丽这个人很矛盾——她觉得自己的胸部太平坦，也觉得她的脚太大。以前我们常常聚在一起，如果她心情不好时就会说：‘为什么我的脚不能跟你的一样小？’这些话真是太荒谬，因为她实在长得很漂亮！奥黛丽和许多女人一样，常觉得自己长得很可笑，对不整齐的牙齿，有点宽的鼻子，十号大的脚和小精灵耳朵，一直耿耿于怀。‘我从来没想过要照相，’她曾经这样说过，‘像我这样的一张脸。’”当然，她的影迷没有人会同意她的想法。

奥黛丽的灵魂双胞胎，晚年伴侣罗伯特·沃德斯也认为，奥黛丽根本不觉得自己长得很漂亮，因为她看自己的角度和我们看她的角度不同。“她从小就很清楚她自己所认定的一些个人缺点，只要有人称赞或羡慕她的外表，她就会觉得那是一种赞美，过度赞美。”

奥黛丽对自我的观感与他人对自己的看法之间所存在的分

歧，使得她更接近于一般平凡的女人——她的不安让我们和她更为接近。其实每个人的内心多少也会有这样的不安。然而，我们想到奥黛丽·赫本时，根本就不会想到她所提过的这些缺点。如果有的话，那也是像杜鲁门·卡波特形容芭比波丽所说的："她唯一的缺点就是她太完美了。除此之外，她是完美无暇的。"

奥黛丽·赫本的一生，被人们传颂最多的就是她的气度。她永远都是和善仁慈的模样，从来不会心浮气躁，即使对于诋毁她的人，她都只是微笑了之，不会心生怨恨。但对待自己的时候，她却会非常严苛。

这一点在拍摄《谜中谜》时就很好地表现了出来。

《谜中谜》这部希区柯克式的悬疑片，其重大意义就是：它尝试把纤弱的奥黛丽·赫本陷于恐怖的深渊之中，从而使奥黛丽在这样的情境中流露出独特的女性美。对于以前从来没有拍过此类影片的奥黛丽来说，这又是一次巨大的挑战，但是她依然获得了成功。

在拍摄过程中，有一个镜头，格兰特拍摄了很多条都不满意，最后导演勉强选了一个算是不错的镜头。而奥黛丽却要求非常严格，就算导演满意可她自己觉得不满意的都会要求重拍，直到让所有人都觉得完美。

影评说这部电影是"上乘的轻松喜剧片"。这也是导演多南最成功的一部片子。

奥黛丽的生活严谨、健康，这也是她精力充沛与魅力十足的原因。她住在乡村，早起早睡，把自己照顾得很好。“她总是按部就班，一辈子过着规律的生活，”她的大儿子肖恩表示，“她希望自己每天都能定时地起床、吃饭、散步与就寝。”

这样平静淡然的生活，是她喜欢的。

在对待身体健康上，奥黛丽同样对自己要求极为严格。

要像一个芭蕾舞演员那样来要求自己。赫本在饮食上是很自律的，再美味的美食，她也从来不吃第二份，她从来不喝苏打汽水，也不吃油炸食物，冰激凌也吃得极少，这不仅是为了维持好身材，更主要的是为了让身体变得健康起来。

正是由于奥黛丽的自我坚持和激励，我们才能看到荧屏上一个美丽、大方、优雅的奥黛丽·赫本。

宽厚待人，是永恒的美德

别人的错误和过失应该多加宽恕，可是自己有过失和错误却不能轻易得到宽恕；自己受到屈辱时应该尽量忍受，可是别人受到屈辱就要设法帮他消解。

奥黛丽回忆《罗马假日》拍摄时的经历，说那真是一段艰苦的历程。因为一切都是实地拍摄，所以得清除人行道，把行人都赶走，光这项工作就差点把副导演和制片主任累垮。

因此，工作进展很慢，难题又颇多。有时为了重复拍一个镜头，一个下午要来来回回走60多次，奥黛丽有点承受不了了，但她并不怨恨。因为是新人，又是女主角，导演也用了很多办法来提高奥黛丽的自信心，让她感到轻松愉快，借她的兴致来提升整个剧组的士气。

导演告诉她说："你必须忘掉自己是在演戏，应当认为自己就是那个公主。"

历经艰苦，影片的拍摄工作终于圆满完成了。该片在全世界获得了极大成功，奥黛丽也成为人们心目中的完美偶像，她在片中的短发造型也一下子成了国际流行发式。

1953年8月20日，赫本飞往伦敦参加《罗马假日》的首映式，然后又飞往威尼斯参加威尼斯电影节。在美国，也为《罗马假日》的上映开了公众招待会。

一切似乎都如此自然，然而，在拍摄的过程中，其实发生了一件曾经让奥黛丽耿耿于怀的事。

那时候刚刚开拍，剧组因为经费预算不高，拍摄时又遇到战乱，天气炎热，一个镜头常常一整天都过不了。导演不断地责备奥黛丽，甚至还曾张口说粗话。奥黛丽认真地听着教诲，没有一句顶嘴。其实她的心里也是很难过的，她希望导演能宽慰她，而不是无尽地指责。毕竟这是她第一次去陌生的地方拍戏，而且是第一次演如此重要的女主角，她的内心忐忑不安，而且演技生涩也是难免的，她只是个芭蕾舞演员，并不是专业的电影演员。

可尽管如此，奥黛丽并没有因为导演的指责就哭哭啼啼或者罢演，她虚心接受导演的批评，然后认真地改正。

为人胸襟宽广，不等于对他人的过失和错误熟视无睹，对于他人的过失，善意地提出，帮助其改正，也是十分重要的。我们要通过他人的过失、错误，警醒自己，避免重蹈覆辙。

人不能十全十美。但是，严格要求自己，总有一天会让自己的生命变得丰富而美丽。自己在逆境中，不可懈怠，要有忍辱负重的精神。当看到别人困难，则要出手相助，这样的美德是令人尊重的，会成为一生的助力，在需要的时候给予你力量。

坚守自己的处事原则

在处事上，奥黛丽始终坚守自己的原则。比如，自己不适合的角色，无论对方开出多高的天价，她都坚决不予接受。

一个人真正的纯并不是单纯，并不是对周遭的险恶一无所知。而是在看尽各种苦难与丑恶后，仍然保留着当初的善良与纯真，坚守着自己的原则。

关于处事原则的问题，奥黛丽曾说过这样一句话：“人之所以为人，是必须充满精力、自我反省、自我更新、自我成长，而并非向他人抱怨。请记得，如果你需要帮助，请从现在起善用你的双手。随着岁月增长，你会发现，你有两只手，一只帮助自己，一只帮助他人。”

奥黛丽是这样说的，也是这样做的。

对他人的失误和错误，我们要抱着宽容的心去对待，但宽容不是一味地纵容。宽容是大度，更是一种对他人的尊敬，给他人的心灵一点希望之光，能够让矛盾从大化小，再从小化无。这是一种慈悲的过程，可能在这个过程中，就会成就一段友谊佳话。

平常不要吝惜你的喝彩声，多些赞美和鼓励，你得到的也将是同样的回馈。也不要把别人的好，视为理所当然，要懂得感恩。

待上以敬，待下以宽。不要看不起任何人，对他人宽容大度，对自己严格要求，这样的处事原则是完美的，是精彩的，这样的人生也是令人尊敬的。

将心比心，急人所难

在生活中，谁都不愿意干自己不爱干的事情，更不喜欢让他人来强迫自己做不爱做的事情。其实，自己是这样，别人也是这样。

我们在生活中，若能做到对待他人时将心比心，推己及人，人世间的纠纷就会大大减少，人与人的关系就会多一分和谐与温馨，少一分冷漠与冰凉。

换位思考，遇事人为先

换位思考，顾名思义就是换个立场或角度来思考问题。其实在生活中，这种思维方式益处是很大的。我们处于社会这个群体中，换位思考无时无刻不伴随在我们左右。

“我总是听母亲说，‘不要迟到，记住，要先为别人着想。不要喋喋不休地谈论自己。你的故事毫无意义，重要的是他人’。”奥黛丽曾说，“做男爵夫人的女儿不会让你与众不同，母亲生于20世纪初，在一个严厉并具有维多利亚文化的家庭中长大。她总是叮嘱我和哥哥，不要忘了，态度要友善。要为老妇人开门，这样才能帮助她们。母亲对这样的处世态度坚定不移。”

“母亲教导我坐得端正，站得笔直，谨慎饮酒和吃甜品。每天只能抽六根烟。”

“我的世界观是母亲灌输的。如果没有为他人着想，没有守规矩，就会受到她的责问。”

“他人为先己为后是旧式的保守观念。而我就是在这样的观念中长大的。既然他人比自己重要，那就不要大惊小怪，不要自以为是。”

“小时候，母亲告诉我，吸引大家的注意不是正确的行为，永远不要让自己出洋相。只有通过工作才能谋生。”

可以看出，男爵夫人对奥黛丽的成长起到了重要性的作用。

为他人着想，懂得换位思考。这是一个伟大的品德。

同样都是工作，为什么有的人处处受人喜欢，但是有的人却时常受人排挤？同样都是生活，为什么有的人幸福和谐，但是有的人却常常纷争不断？现代社会中困扰人们的一大问题就是人际关系，它变幻无常，运用得好它会成为开启财富的钥匙，但是运用不好的话，它又变成一条阻碍你走向成功的院墙。

这一切，都源于换位思考，人们缺少了对他人的尊敬和思考能力，便会变得急躁，甚至常常纷争不断。

而奥黛丽·赫本在这方面做得很好，她总是替他人着想，从不把自己的利益放在第一位，在接拍《罗马假日》的时候，她的薪酬连格里高利·派克的十分之一都不到，相差如此悬殊，她却没有抱怨过。

她明白导演制作人的难处，整个剧组的经费有限，甚至本来打算用彩色胶片的，都为了节约经费，不得已做成黑白了。但如今，这部黑白片子却成了大家假期必看的经典。

奥黛丽知道自己是一个新演员，没有太大的名气，所以她告诉自己，只要努力演好电影就行。虽然当时她是女主角，但她从没有要求过剧组给自己加片酬。即便当时她的家庭也很需要钱，但考虑到剧组的成本，她没有提过任何要求。

你不能改变天气，你只能改变心情。一个有教养的人，他会善待别人，因为善待别人就是善待自己，这是一个互动的关系。善待他人，多为他人考虑，你就会拥有一片蓝蓝的天空。

与人为善，收获人生美德

与人为善，乐于助人是举手之劳，无需付出任何代价。如果你对人友善，处处为别人着想，并总是显得很开心，你就会发现别人会回报你的善意，你的快乐也会在别人身上体现出来。所以，我们应该在力所能及的情况下多帮助别人。

如果你想快乐一小时，去睡个小觉吧；如果你想快乐一天，去游玩吧；如果你想快乐一年，继承一笔财产吧；如果你想快乐一生，那就去帮助别人。

奥黛丽曾说：“UNICEF（联合国儿童基金会）的宗旨是让所有孩子免受饥渴、疾病、虐待和死亡。但是现在我们却在与一个更加可怕的威胁而斗争——人类性格中的阴暗面：自私、贪婪、侵略污染了我们的天空、干涸了海洋、破坏了森林、灭绝了成千上万的美丽生灵。难道下一个攻击对象就是孩子吗？”

“各国政府怎么能够斥巨资购买武器，置他们的孩子于不顾？孩子是他们最大的资本，是和平的唯一希望。”

“每个国家都有自己的难解问题，这是他们必须首先关注的问题：每个国家的无家可归人口和每个国家的贫困人口。但是他们应该还有足够的能力去关心那些最贫困的国家。”

“生存比一个‘邦迪’创可贴的意义重大多了。如果你的孩子只需要贴一个‘邦迪’就可以解决问题，你就不会叫一个高明的医生来就诊。你可能认为也许只有小部分人需要帮助，但是这个群体正在渐渐扩大。我扪心自问，自己可以做什么？我该去哪里？到了那里该做些什么？每个人都可以贡献自己的力量。也许我并不能解救千万人，但是至少可以帮助一个人。我很乐意去做这件事。”

奥黛丽的这些话是为沦陷在生死边缘的贫困儿童而说，她从第一天开始做慈善就给自己定下了严格的目标，那就是不遗余力地去为这些孩子奉献自己的力量。

也许我们没有奥黛丽的大爱，但小爱同样可以让我们的生活精彩许多。她爱孩子尽人皆知，她说：“慈善这件事，无关宗教，无关国界。”她只希望用自身的影响力号召更多的人来参与到爱和帮助他人这件事里。

帮助别人就等于帮助了自己，因为我们所做的善行终会回馈到我们自己身上。

与人为善，帮助他人，雪中送炭总比锦上添花更能令人铭记，关注比自己弱势的群体，让自己的心灵变得纯粹而美丽，因为帮助他人本身，就是一种美德。

助人即助己

“己所不欲，勿施于人”出自《论语》，是中国古代思想家、教育家孔子的名言。意思是不希望他人对待自己的言行，自己也不要以那种言行对待他人。那么反过来，“己所欲”是不是就应该先“施于人”呢？

其实，我们每一个人都希望当自己遭遇困境时，能有人伸出援助之手助己一臂之力，帮自己渡过难关。那么在别人有难时，我们是不是也应该毫不犹豫地给予力所能及的援助呢？虽说我们提倡助人不求回报，但事实上今天我们帮助了他人，日后也一定会得到某种丰厚的回报。

大家都知道奥黛丽晚年为饥饿儿童奔走的事，事实上，她的整个人生都在做帮助他人的事。

有一个故事说的是奥黛丽和罗伯特相遇时的情景。

那时候奥黛丽刚刚和第二任丈夫多蒂离婚不久，心情低落的她想封闭自己的内心世界。她走在一条安静无人的街上，发现眼前有一只受伤的猫。不知为何，小猫竟然走近了奥黛丽，并在她腿边徘徊。奥黛丽什么都没想就抱起小猫冲进了宠物医院，当医生告诉她，小猫很快会康复的时候，她终于展开了笑颜。

一定是她的善良感动了上帝。

之后，她去了朋友家，正是在这位朋友家，她遇到了她的真爱，罗伯特·沃德斯先生。两人一见如故，互相倾诉。

我们不得不说，善因有善果。有时候放下自己内心的苦闷，帮助一些需要帮助的人和事，也许会柳暗花明又一村呢！

古往今来，“助人即助己，好人有好报”的故事不胜枚举，说也说不尽，道也道不完。

赠人玫瑰，手有余香。“助人即助己，好人有好报”也绝非一句空话。

温柔体贴，善解人意

与男人相比，女人天生丽质而且温柔体贴，不仅能够将美丽演绎得生动精彩，而且可以把温柔诠释得如水莲花般娇羞。这是女人与生俱来的天性，也是由女人的生理特点决定的。

“温柔”是女人的代名词，也是女人能够令男人动心的重要原因。

融入你要生活的圈子

多年来，奥黛丽和派克的家庭结下了深厚的情谊。只要到美国，奥黛丽准会第一个到派克家做客。如果她因为什么特殊的事情不能去看望派克了，总会提前打电话说："派克，真对不起，我要先到别人那里去一下。"她礼仪周到，赢得了派克一家人的喜爱。

待人之道是一门高深的学问。人有不同的性格，不同的要求，所以做人做事很难"尽如人意"，所谓"顺了姑意，逆了嫂意"，做人难就难在不能让人人都满意。

待人虽有种种不同的方法，但是"待人以宽"则是一条不变的定律。待人能够谦虚、尊重，更得人缘。待人刻薄、待人严苛，如此想要获得别人的认同，有一定的困难。

奥黛丽的宽容气质几乎是与生俱来的，无论童年时遭遇过怎样艰苦的境地，她对战争也没有谩骂和恐惧或者是埋怨。她不幸的两次婚姻，也没有磨平她对爱情的憧憬，她依然相信爱情，最终她遇到了罗伯特·沃德斯，这是上帝送给她的一个完美结局。

她不怨恨梅尔和多蒂，这两个人分别在她的生命中陪伴了她一段路程，也曾让她开心过、幸福过、感动过，或许也有伤心和痛苦，但相比伤心，开心更多。所以奥黛丽对他们的态度一直是宽容的，是忍让的。

即使是在多蒂绯闻满天飞的时候，她在瑞士的家中待产，自己的丈夫经常出入夜店，甚至和当时最声名狼藉的女人混在一起，她都选择了宽容和原谅。

也许，在这个圈子里，想要保持纯净高雅的气节是十分困难的，尤其是多蒂本身的性格已经决定了这一切。媒体形容安德烈·多蒂是一个荒淫的人，而奥黛丽·赫本是一个圣人。但离婚后，多蒂仍然敬重奥黛丽，并与她保持良好的友谊，这一切，都源自奥黛丽的忍让和宽容。

宽容是人生的一座桥梁，将彼此的心灵相连，走过这座桥，人们的生命就会多一份温暖，多一份阳光。学会宽容别人，我们的生活才会更加简单。用一颗感恩和感动的心去感激你身边的人，你才会真正融入你的生活圈子，也会觉得这个世界变得更加美好。

守好你的本分

如果你永远保持勤奋的工作态度，你就会得到他人的称许和赞扬，就会赢得别人的尊重，同时也会获取一份最可贵的资产，那就是自信。

“我从没有见过如此卖命工作的人，她不知疲倦地学习着影片中的歌曲和舞蹈动作，因为她不像赛德·查里斯或金洁·罗杰斯那样一直与这样的工作打交道。罗杰·伊登斯说，‘奥黛丽，你明天可以休假。你一天工作了16个小时。’而她却说，‘不必了，我明天九点会来片场。’结果第二天早上她八点就到了。”

这是拍摄《甜姐儿》时，编剧利奥纳德·格许说的幕后故事。

奥黛丽从来没有公开表示自己信奉何种表演理论。史坦尼斯拉夫斯基的表演方法教导演员在表演时，要身体力行地体会角色的情感，把角色的性格特征展现在舞台上。但这个大家公认的理论却没有在奥黛丽身上奏效。

奥黛丽没能借助理论明白演绎角色的真谛，但是她用自己的方法去体会。在没有信心的情况下，她总能找到得体的服装，在没有技巧的情况下，她摸索出自己独特的方法。

“服装对我来说是非常关键的。由于从未学习过如何演戏，我在刚开始时缺乏表演的技巧。我只是像孩子一样凭借假设来表演。”她曾说，“表演真是一件苦差事，我根本不知道如何表现一个角色。我不是奥黛丽·赫本，而是霍莉·戈莱特丽，是伊丽莎·杜丽特。”

“帮助我渡过难关的是服装。因为我不知道处理角色时的专业技巧，所以只能通过角色的穿着和外表来体会，然后一切就迎刃而解了。”

“在拍摄历史题材的电影时，不管是《战争与和平》还是需要穿着修女服的《修女传》，服装的作用就更加突出了。一旦穿上了修道服，你不但摇身一变成了修女，就连走路的姿势也完全不同了。”

“电影如同童话故事。我扮演的就是我自己，从来没有改变过。公主或卖花女就是我的缩影，我也是她们的再现。”

从以上的话中可以看出，奥黛丽将工作视为自己最重要的事之一，对于剧中人物，她总能通过自己的理解和揣摩将她活灵活现地表现在舞台或荧屏上。

我们在工作中，想将工作做到极致，就要学习奥黛丽，精益求精，迅速融入工作氛围，将工作中的自己与生活中的自己分开来。一旦穿上了工作服，就要一心想着做出成绩，而不再是一个牵挂柴米油盐酱醋茶的女人。

学习将工作变成自己的爱好和追求，学会善解人意，在工作中以人为先。这是一个人的本分，也是基本素养。

平易近人，彰显魅力

有些人虽然话不多，但我们却喜欢与之待在一起，因为他能让你感到轻松愉快；有的人逢人便滔滔不绝，夸夸其谈，却让人总想与之拉开一段距离。

有时我们感觉得到，有一种人，无论出现在哪儿，便会立即成为众人瞩目的核心，即使他们不言语，就那么站着或坐着，也带给人一种特别的感觉和深刻的印象，甚至还能令人毫无保留地对他产生信任感。

对女人来说，气质与外貌漂亮与否并没有什么关系，关键是看你能否通过你的面部表情、形体动作、语言等展示你迷人的个性气质。真正能打动人的是气质，而不是外貌的漂亮。而平易近人就是体现气质的一种最直接的待人处事态度。

奥黛丽·赫本晚年时，经常和男友乘坐飞机经济舱，在机上遇到粉丝要求合影时，她总是热情答应。甚至有时候还会遇到一些平时根本没有机会见到奥黛丽的记者，他们也会抓住这个机会趁机对她做采访。奥黛丽在不影响飞机飞行的情况下，都会尽可能地答应他们的要求。她已经阔别荧屏多年，但魅力和影响力仍然不减。

有一位记者如是问她："女人能在告别青春之后仍然保持美丽和活泼吗？"

奥黛丽回答道："我们一定要承认衰老，否则该怎么办呢？难道自杀吗？"

她说："随着年龄的增长，你能感到身体的变化，但是你一定要接受这样的变化，因为每个人都会经历这个阶段。要告诉自己，没有人永远活在18岁，否则你就会在某天发现自己的皱纹和白发时彻底崩溃。"

"我并不惧怕衰老，我只是希望不要变老，因为我热爱生命。当然我会尽可能保持外表的年轻，在这方面，我也有女人的虚荣心。"

"人人都喜欢更年轻些，拥有更多的时光。但是年老也有好处。你不必再承受年轻时的压力和紧张。如果我现在20岁，我肯定不会如此安详地交谈，因为我必须要闯天下、见世面、证明自己的能力，寻找生存的空间。我可不能在瑞士家中的苹果树下尽情享受休闲时光。"

"我不愿永远做一个十几岁的少年。"

女人的气质，不是年轻就好，不是美丽就好。只有岁月的积淀才能将女人的气质彰显出来。那是一种平和、淡定的悠然自得。

奥黛丽对人平易近人，关爱有加，这让她赢得非常多的青睐与尊重。

做一个有魅力的女人，就要时刻记住，任何时候不骄不躁，平易近人，理解人与人之间的平等。这是一个优秀女人必备的素质。